刊印古籍今注新譯叢書緣起

劉振強

人類歷史發展，每至偏執一端，往而不返的關頭，總有一股新興的反本運動繼起，要求回顧過往的源頭，從中汲取新生的創造力量。孔子所謂的述而不作，溫故知新，以及西方文藝復興所強調的再生精神，都體現了創造源頭這股日新不竭的力量。古典之所以重要，古籍之所以不可不讀，正在這層尋本與啟示的意義上。處於現代世界而倡言讀古書，並不是迷信傳統，更不是故步自封；而是當我們愈懂得聆聽來自根源的聲音，我們就愈懂得如何向歷史追問，也就愈能夠清醒正對當世的苦厄。要擴大心量，冥契古今心靈，會通宇宙精神，不能不由學會讀古書這一層根本的工夫做起。

基於這樣的想法，本局自草創以來，即懷著注譯傳統重要典籍的理想，由第一部的四書做起，希望藉由文字障礙的掃除，幫助有心的讀者，打開禁錮於古老話語中的豐沛寶藏。我們工作的原則是「兼取諸家，直注明解」。一方面熔鑄眾說，擇善而從；一方面也力求明白可喻，達到學術普及化的要求。叢書自陸續出刊以來，頗受各界的喜愛，使我們得到很大的鼓勵，也有信心繼續推廣這項工作。隨著海峽兩岸的交流，我們注譯的成員，也由臺灣各大學的教授，擴及大陸各有專長的學者。陣容的充實，使我們有更多的資源，整理更多樣化的古籍。兼採經、史、子、集四部的要典，重拾對通才器識的重視，將是我們進一步工作的目標。

古籍的注譯，固然是一件繁難的工作，但其實也只是整個工作的開端而已，最後的完成與意義的賦予，全賴讀者的閱讀與自得自證。我們期望這項工作能有助於為世界文化的未來匯流，注入一股源頭活水；也希望各界博雅君子不吝指正，讓我們的步伐能夠更堅穩地走下去。

新譯坐忘論 目次

導讀

司馬承禎是唐代的著名道士，同時又是一位學者和書法家，《坐忘論》是他的代表作之一，也是中國古代有重要影響的道教經典之一。為了更容易理解《坐忘論》，我們將對司馬承禎的生平、《坐忘論》的主要內容以及司馬承禎的其他主要著作作一簡單的介紹。

一、作者生平

司馬承禎（西元六四七—七三五年），字子微，道號道隱，又號白雲子。河內溫（今河南省溫縣）人。茅山宗尊他為第十二代宗師，他同時又是天台南嶽派的創始人。

唐人崔尚〈唐天台山新桐柏觀頌並序〉說司馬承禎是「晉宣帝弟太常馗之後裔」，也就是說，司馬承禎是司馬懿（晉朝建立後，司馬懿被追諡為宣帝）的弟弟司馬馗的後人。司馬馗擔任過太常卿一職，故稱他為「太常馗」。司馬承禎的祖父司馬晟，於隋代任親侍大都督；父親司馬仁最，於唐代任朝散大夫、襄滑二州長史。由於家庭的薰陶，司馬承禎從小就喜歡讀書，這為他今後的博學多才奠定了深厚的基礎。

雖然司馬承禎從小就受到了良好的教育，但他不願意走仕途之路，在他二十一歲的那一年，毅然出家當了道士，拜著名道士潘師正為師，居嵩山修道，得受上清經法、符籙、導引、服食等術。潘師正對他十分賞識，曾對他說：「我自陶隱居傳正一之法，至汝四葉矣。」（《舊唐書・隱逸列傳》）不難看出，潘師正已經把他視為自己的傳人。

此後，司馬承禎遍遊天下名山，最後在天台山定居下來。他在天台山修建了樓軒，命名為「眾妙臺」，自號「天台白雲子」。

武則天在位時，對司馬承禎十分尊重，並把他召入京城，降手詔對他加以褒揚。但司馬承禎不久就離開京城，回到山中。司馬承禎離開京城時，武則天命令麟臺監李嶠於洛橋之東設宴送行。

景雲二年（西元七一一年），唐睿宗派司馬承禎的兄長司馬承禕到天台山，再次把司馬承禎請回京城。睿宗向司馬承禎詢問有關陰陽術數之事，司馬承禎回答說：「道經之旨：『為道日損，損之又損，以至於無為。』且心目所知見者，每損之尚未能已，豈復攻乎異端，而增其智慮哉！」睿宗接著又問道：「理身無為，則清高矣。理國無為，如何？」司馬承禎回答說：「國猶身也。《老子》曰：『遊心於澹，合氣於漠，順物自然而無私焉，而天下理。』《易》曰：『聖人者，與天地合其德。』是知天不言而信，不為而成。無為之旨，理國之道也。」（《舊唐書・隱逸列傳》）據說睿宗聽後，讚歎佩服。此後，司馬承禎堅決謝絕朝廷的挽留，回到天台。離京時，睿宗送他寶琴、霞紋帔等禮物，朝中寫詩相贈的有工部侍郎李適等一百多人，散騎常侍徐彥伯選出其中三十一首，收為一集，命名為《白雲記》，並為之作序。

開元九年（西元七二一年），唐玄宗派使者把司馬承禎迎入京師，親受法籙，前後賞賜甚厚。十年（西元七二二年），司馬承禎請還天台，玄宗親自賦詩相送。十五年（西元七二七年），玄宗又派使者迎司馬承禎入京，並讓他於王屋山形勝處修建宮觀居住。司馬承禎趁這次入京的機會，對玄宗說：「今五嶽神祠，皆是山林之神，非正真之神也。五嶽皆有洞府，各有上清真人降任其職，山川風雨，陰陽氣序，是所理焉。冠冕章服，佐從神仙，皆有名數。請別立齋祠之所。」玄宗接受了司馬承禎的建議，命令於五嶽各置真君祠一所，其形象制度，則讓司馬承禎根據道經所記，「創意為之」（《舊唐書・隱逸列傳》）。司馬承禎的這一建議，對五嶽地區的宗教發展具有相當大的促進作用。

據其他有關史書記載，除天台、王屋二山外，司馬承禎在衡山也生活過一段時間：

白雲先生藥堂，在九真觀西。開元中，司馬天師承禎，本號白雲先生，後授貞一先生，嘗於此修行。（《南嶽小錄》）

降聖觀，在九真觀西一里，舊號白雲庵，司馬子微修行處。（《南嶽總勝集》）

如果說這些記載還不夠可靠的話，我們還可以從當時士大夫文人的詩文中找到司馬承禎在衡山修道的證據。丞相兼詩人的張九齡有一首〈登南嶽事畢謁司馬道士〉，其中寫道：

> 將命祈靈嶽，回車詣真士。……誘我棄智訣，迨茲長生理。吸精返自然，煉藥求不死。

關於張九齡在衡山拜訪司馬承禎的事情，《南嶽總勝集》也有記載：「開元初，司馬承禎字子微，自海乘桴煉真南嶽，結庵於觀北一里，目之白雲，丞相張九齡屢謁之。」

司馬承禎除了受到最高統治者的重視外，與一般文人士大夫交往也很多，時人把他與陳子昂、盧藏用、宋之問、王適、畢構、李白、孟浩然、王維、賀知章合稱為「仙宗十友」。「終南捷徑」這一典故就出自他與盧藏用的一次交往：

> 盧藏用始隱於終南山中，中宗朝累居要職。有道士司馬承禎者，睿宗遣至京。將還，藏用指終南山謂之曰：「此中大有佳處，何必在遠！」承禎徐答曰：「以僕所觀，乃仕宦捷徑耳。」（《大唐新語》卷十）

盧藏用就是靠隱居起家的，他把自己隱居的地點選擇在緊靠長安、洛陽二京的終南、少室二山，因此被當時人譏諷為「隨駕隱士」，後來他因隱居而出了名，便被朝廷召入京城，一變成了朝廷要員。司馬承禎的話可以說不是無的放矢。

司馬承禎不僅與文人有廣泛交往，而且自身也確實具備了文人氣質，他不僅在道教理論方面很有造詣，而且善於書法，並能自成一體，號「金剪刀書」。唐玄宗讓他用三體❶書寫《老子》，並刊正文句，共五千三百八十字。司馬承禎還留下一首詩歌〈答宋之問〉：

時既暮兮節欲春，春山林寂兮懷幽人。登奇峰兮望白雲，悵緬邈兮象欲紛。白雲悠悠兮去不返，寒風颼颼兮吹日晚。不見其人誰與言？歸坐彈琴思逾遠。

詩歌的語言簡潔古樸，所表達的情緒深沉感人，大有古風神韻。

開元二十三年（西元七三五年），司馬承禎於王屋山仙逝，享年八十九歲。其弟子上書朝廷，描述了他仙逝時的情景：「死之日，有雙鶴遶壇，及白雲從壇中涌出，上連于天，而師容色如生。」（《舊唐書．隱逸列傳》）玄宗下詔書予以表彰：「混成不測，入寥自化。雖獨立有象，而至極則冥。故王屋山道士司馬子微，心依道勝，理會玄遠，

---

❶ 三體指三種字體，一說指古文、篆、隸，一說指真書、行書、草書，考慮到新舊《唐書》都說司馬承禎善篆、隸，這裡的三體當指前一種說法。

遍遊名山，密契仙洞。存觀其妙，逍遙得意之場；亡復其根，宴息無何之境。固以名登真格，位在靈官。林壑未改，遐霄已曠，言念高烈，有愴于懷，宜贈徽章，用光丹籙。可銀青光祿大夫，號真（貞）一先生。」（《舊唐書・隱逸列傳》）玄宗還為司馬承禎親製碑文。

司馬承禎有弟子七十餘人，其中以李含光、薛季昌最為著名。

二、《坐忘論》的主要內容

《坐忘論》的主要內容是闡述道教修煉的方法，這一方法的主旨就是修心，也即保持心境的安靜。「坐忘」的意思是靜坐而心忘，所謂「心忘」，就是忘卻天地萬物，忘卻自我，忘卻世間的一切。

「坐忘」這一命題首先由莊子提出。《莊子・大宗師》說：

顏回曰：「回益矣。」仲尼曰：「何謂也？」曰：「回忘仁義矣。」曰：「可矣，猶未也。」他日，復見，曰：「回益矣。」曰：「何謂也？」曰：「回忘禮樂矣。」曰：「可矣，猶未也。」他日，復見，曰：「回益矣。」仲尼曰：「何謂也？」曰：「回坐忘矣。」仲尼蹵然曰：「何謂坐忘？」顏回曰：「墮肢體，黜聰明，離形去知，同於大通，此謂坐忘。」

仲尼曰：「同則无好也，化則无常也。而果其賢乎！丘也請從而後也。」

顏回對「坐忘」予以解釋的那幾句話，用今天的話講就是：「忘掉自己的身體，排除自己的視聽，拋棄形體和智慧，與無所不通的大道融為一體。」莊子是一位哲學家，他假借孔子師生的口提出「坐忘」，目的是為了忘卻一切煩惱，使自己能夠做到心平氣和，從而過上安靜的日子。

司馬承禎繼承並發展了這一思想。司馬承禎主要繼承了「坐忘」的靜心作用，但作為宗教家，司馬承禎把具有靜心作用的「坐忘」同修道求仙結合起來，從而把世俗的養心方法發展為宗教的成仙途徑。

《坐忘論》的開始有一個簡短的序言，在序言中，作者指出人最可寶貴的是生命，而生命的長短全在於自己能否修道，修道能否成功的關鍵又在於能否做到靜心，而靜心的最好方法就是「坐忘」。這一簡短的序言就這樣一步步把讀者的注意力引向了「坐忘」這一修行方法，為全文的展開作了很好的鋪墊。

從開始修煉到最後得道成仙，司馬承禎把修習「坐忘」分為七個階段，這七個階段又被稱為「七階次」，具體是：

第一階段，敬信。就是對道教要有虔誠的信仰，這是修道成仙的基本前提。他說：「信者道之根，敬者德之蒂。」應該說，司馬承禎抓住了宗教的根本，沒有一批虔誠的信徒，也就無所謂宗教；沒有一顆虔誠的信仰之心，作為信徒個人也就不可能得到宗教的愉悅，更談不上修道的成功。正是因為這一原因，作者把「敬信」視為修習「坐忘」的第一步，如果能夠走好這第一步，其他各個階段都能夠順利完成。

第二階段，斷緣。就是斬斷一切塵緣，不為世俗事務所累。作者認為，放棄世俗間的事情，身體就會輕鬆；做到清靜無為，內心就會安靜。遠離一步塵世，就接近一步大道。作者還提醒修道者：即使遇到必須做的事情，做事時也不可產生好惡之情，以免破壞平靜的心境。斷緣可以說是樹立虔誠信仰後的第一個實際行動，即讓自己的形體一步步遠離這個汙濁不堪、喧鬧不已的世俗生活，為下一步的「收心」打好基礎。

第三階段，收心。收心是經歷了以上兩個階段後的自然結果，就是把心思從世俗生活中收斂回來，使它安寧平靜，逐漸進入修道的狀態。作者認為，修道者不僅要收心，而且還要做到不執著於收心，如果時刻還要告誡自己應收心，那其實還是一種「累」。作者指出收心過程中的四種偏差：一是一無所思、大腦一片空白的「盲定」；二是任憑內心胡思亂想，絲毫不加節制；三是雖然明白善惡，但思緒四處飄蕩，不能歸依於大道；四是像世人一樣無事不做，卻大言自己內心一無所染。正確的做法應該是：清除心中的一切世俗雜念，一心思考如何修道，做到「在物而心不染，處動而神不亂，無事而不為，無時而不寂」。〈收心〉還特別指出，修道是一個長期的過程，不可一蹴而就，祇有長期修煉下去，纔能產生符合大道的智慧。

第四階段，簡事。所謂簡事，就是要善於選擇事務。換句話講，就是修道者一定要知道什麼事情該做，什麼事情不該做。作者明確指出，人生在世，不能不做事，但做事時一定要把握這樣的原則：排除那些對修道養生沒有作用的事情，如追名逐利等等。在作者看來，追名逐利這一類的世俗行為，將極大地傷害自己的生命，不利於學道成仙。

第五階段，真觀。就是觀察真理。有了前四個階段作鋪墊，自然會逐漸產生高超的智慧，發現真理。具體講，就是能夠認識什麼是禍福吉凶，並能及時採取相應的措施，以保證自己生命的安全，不為自己留下任何拖累，以便進一步修道成仙。作者提醒修道者要防微杜漸，要明白自己的一言一行都可能成為禍福吉凶的緣由，還要知道世間萬物都是虛幻不實的，因而不值得自己去追求。

第六階段，泰定。就是安詳而心靜。作者解釋說，所謂的泰定，就是清除了一切世俗欲望，身如枯木，心如死灰，勿須有意去追求靜心，而心無時無刻不處於寂靜的狀態。這一階段的內容與「收心」相似，但「收心」講的是一種要求，是一個修煉的過程，而「泰定」講的則是收心過程的完成和實現。作者認為，做到了「泰定」，就能產生智慧，有了智慧而不使用，反過來再用這種智慧去護養安靜的心境，做到靜心與智慧相互養護，這樣就能形成良性循環，久而久之，就自然能夠得道了。

第七階段，得道。得道是修習坐忘法的最後一個階段，也是坐忘的目的。簡單地講，得道就是成仙。得道之後，就可以永生不死，隱顯自如，就可以「散一身為萬法，混萬法為一身」，得道之人可以說是神通廣大，智慧無邊。得道成仙不僅是坐忘的最終目的，也是整個道教的最終目的。

在《坐忘論》的最後，還有一章〈樞翼〉，〈樞翼〉的作用類似於現代論文中的結束語。〈樞翼〉對修習坐忘法的要點進行了總結和回顧，再次申明修習坐忘法的主旨。在〈樞翼〉中，作者提出了「五時」「七候」。所謂「五時」，就是修道時不同時期的五種不同心理感受：一是心境動多靜少；二是心境動靜各半；三是心境靜多動少；四是無事時心靜，有事時心動；五是心與道合，有事心也不動。所謂的「七候」，就是修道者在七個階段的形體表現：一是舉動順時，容顏和悅；二是疾病全消，身心清爽；三是身體得到補養，不再會夭折和受傷，恢復了元氣和生機；四是能夠生存數千年之久，這樣的人可以稱為仙人；五是能夠把自己的形體修煉為氣的狀態，這樣的人可以稱為真人；六是能夠把氣狀態的形體進一步修煉為無形無象的精神狀態，這樣的人可以稱為神人；七是通過修煉，使精神狀態的形體與大道融而為一，這樣的人可以稱為至人。我們不難看出，〈樞翼〉中提出的「五時」「七候」，都屬於一個漸進的過程，即由低級階段向高級階段不斷提昇的過程。作者最後指出，修道人如果沒有這「五時」「七候」，即使他們自稱已經得道成仙，也是萬萬不可相信。

司馬承禎在寫作《坐忘論》時，不僅吸取了老子、莊子及其他道家人物的思想精華，對儒家、佛教思想也有所借鑒。如儒家的正心誠意、佛教的止觀學說等等，對《坐忘論》

的思想都有很大影響。《坐忘論》使用的佛教術語很多，如「業」、「色」、「萬劫」、「著空」、「萬法」、「方便」等等。司馬承禎的這種寫作態度，充分體現了一位成熟宗教家的寬廣胸懷。

總觀《坐忘論》的主旨，就是強調一個「心」。作者認為，祇要心中做到無物無我，一念不生，內不覺其一身，外不覺其天地，與道冥一，萬慮皆遺，就能夠得道成仙。《坐忘論》的這一思想在道教發展史上具有重要的地位，卿希泰先生的《中國道教史》第二卷中說：「司馬承禎力倡『坐忘』，……給後世道教以極大影響，特別是在道教由外丹轉向內丹，由外向內尋求成仙之道的過程中起了重要的理論作用，成為宋元道教內丹學的理論先驅，並給宋明理學以一定影響。」

三、其他主要著作及思想

除了《坐忘論》，司馬承禎的另一代表作是《天隱子》。《天隱子》共分八篇，但文字不長，其主要內容有以下三點：

第一，他吸取了儒家的「人皆可為聖人」和佛教的「眾生皆有佛性」的思想，提出了人人皆有成仙素質的看法。他認為祇要能夠順應自然，修習靜心，人人都可以得道成仙。他說：

神仙亦人也，在於修我靈氣，勿為世俗所淪汙，遂我自然，勿為邪見所凝滯，則成功矣。

這一思想與傳統的道教主流思想有所不同。道教傳統思想認為，人要想成仙，必須要有仙分，而這個仙分是在人出生之前就已經決定了，如果沒有仙分，一個人即使刻苦修煉也沒有成仙的可能。這一觀點非常不利於道教的發展，它使許多希望長生的人因懷疑自己是否有仙分而徘徊於道教的大門之外。如白居易早年學過仙，煉過丹，但後來又轉信佛教，為什麼呢？他懷疑自己沒有仙分就是其中一個重要原因，如果沒有仙分，自己豈不是白白忙了一生嗎？他曾寫詩給一位王姓道士說：「但恐長生須有籍，仙臺試為檢名看。」（〈尋王道士藥堂因有題贈〉）然而仙冊不是凡人隨便就可以翻檢，所以白居易對自己的學仙能否成功就始終抱懷疑態度，不敢冒然全身心地投入道門。司馬承禎的這一主張，無疑是向所有的人打開了成仙之門。這一主張是明智的，因為這一主張將會招來更多的信徒，但由於此前道經的負面影響，使他的這一主張沒有能夠發揮出更大的效益，不然，生於其後的白居易也就不會有如此多的疑慮。

第二，主張簡易。從《莊子》開始，就明確提出了尚簡的主張。《莊子・天運》說：「古之至人……以遊逍遙之虛，食於苟簡之田，立於不貸之圃。逍遙，無為也；苟簡，易養也；不貸，無出也。」所謂的「苟簡」，就是一切從簡。莊子認為「尚簡」是聖人的品質之一。司馬承禎繼承了這一主張，他在《天隱子・易簡》中說：

《易》曰「天地之道易簡」者，何也？天隱子曰：「天地在我首之上，足之下，開目盡見，無假繁巧而言，故曰易簡。易簡者，神仙之謂也。……凡學神仙，先知易簡，苟言涉奇詭，適足使人執迷，無所歸本，此非吾學也。」

司馬承禎不僅把「易簡」提升到哲學的高度來加以認識，而且還把它同道教的人生最高目標——修道成仙——聯繫起來，認為「先知易簡」是成仙的先決條件。道家道教的這一尚簡主張對中國的政治文化都產生過重大影響。

第三，提出了「五漸門」的觀點，認為修道是一個循序漸進的過程，不可能一蹴而就。《天隱子・漸門》說：

《易》有漸卦，道有漸門。人之修真達性，不能頓悟，必須漸而進之，安而行之，故設漸門。

他所設立的「五漸門」是：第一，齋戒。他一開始就對齋戒的含義作了說明：「齋戒，非素茹飲食而已。」他所說的齋戒，就是飲食適當，不可受饑，但也不可喫得太飽，要喫乾淨、成熟的食物。另外還要摩擦皮膚，不要久坐久立、久勞久役。實際上，這裡所說的齋戒，就是一般的養生法。第二，安處。安處也不是要求華美的房舍，而是要求房子面南，不高不低，既不要太明亮，也不要太陰暗，所要達到的目的就是「內以安心，外以安目，心目皆安，則身安矣」（《天隱子・安處》）；一句話，安處就是安心、安身。第三，存想。所謂的存想，就是「存謂存我之神，想謂想我之身。閉目即見自己之目，收心即見自己之心」（《天隱子・存想》）。司馬承禎很重視存想，認為「存想之漸，學道之功半矣」（《天隱子・存想》）。第四，坐忘。關於坐忘的主要內容，我們在前文已經討論過，這裡不再贅述。第五，神解。所謂神解，也就是成仙。達到神解的境界，就能「不行而至，不疾而速，陰陽變通，天地長久。……在人謂之仙，在天曰天仙，在地曰地仙，在水曰水仙」（《天隱子・神解》）。他還說：「齋戒之謂信解，安處謂之閑解，存想謂之慧解，坐忘謂之定解。信定閑慧，四門同神，謂之神解。」（《天隱子・神解》）所以五漸門又叫「五解門」。五漸門的內容是豐富的，從中可以看到許多與《坐忘論》相似的主張。

除了《坐忘論》、《天隱子》兩部代表作品之外，司馬承禎還創作了《修真秘旨》、《修身養氣訣》、《服氣精義論》、《修真秘旨事目歷》、《上清天地宮府圖經》、《上清含象劍鑒圖》、《修真精義雜論》、《靈寶五嶽名山朝儀經》、《登真系》、《採服松葉等法》、《茅山貞白先生碑陰記》、《素琴傳》、《上清侍帝晨桐柏真人真圖讚》、《太上昇玄經注》、《太上昇玄消災護命妙經頌》等。

《新譯坐忘論》以道藏本為底本，並參考了丁福保的《道藏精華錄》本。兩本相校，

《道藏精華錄》沒有收入最後一篇〈樞翼〉，〈得道〉的最後一段文字與道藏本的出入也很大，除此之外，其他篇章的文字基本一致。另外需要說明的是，據我們所掌握的資料，《坐忘論》過去從來沒有注釋本，更沒有被翻譯為白話文。本書是第一次對《坐忘論》作注譯，因為缺少可借鑒的資料，更由於本人學識的淺薄，錯注錯譯之處或所難免，還望方家不吝指正。

張松輝

西元二〇〇四年七月十日於湖南大學嶽麓書院

坐忘論序

夫人之所貴者生也，生之所貴者道也。人之有道，如魚之有水。涸轍之魚，猶希升水❶；弱喪❷之俗，無心造❸道。惡生死之苦，愛生死之業❹，重道德❺之名，輕道德之行。喜色味❻為得志，鄙恬素❼為窮辱。竭難得之貨❽，市來生之福❾；縱易染❿之情，喪今生之道。自云⓫智巧，如夢如迷。生來死去，循環萬劫⓬。審惟倒置⓭，何甚⓮如之。故《妙真經》⓯云：「人常失道，非道失人。人常去生，非生去道。」故養生者慎勿失道，為道者慎勿失生，使道與生相守，生與道相保，二者不相離，然後乃長久。言長久者，得道之質也。經⓰云：「生者，天之大德也，地之大樂也，人之大福也。道人致之⓱，非命祿也⓲。」又《西昇經》⓳云：「我命在我，不屬於天。」由此言之，修短⓴在己，得非天與，失非人奪。捫心苦晚㉑，時不少㉒留。所恨㉓朝菌之年㉔，已過知命㉕，歸道之要㉖，猶未精通。為惜寸陰㉗，速如景燭㉘。勉尋㉙經旨，事簡理直㉚，其事易行。與心病㉛相應者，約著安心坐忘㉜之法，略成七條，修道階次㉝，兼其〈樞翼〉㉞，以編敘之。

【章　旨】本章為序言。作者指出人最寶貴的是生命，而生命的長短全在於自己能否修道，而修道的關鍵在於能否靜心。作者最後說明自己寫《坐忘論》的目的，就是針對人們的「心病」，為人們找到一條靜心的途徑。

【注　釋】❶涸轍之魚二句　身陷於將要乾涸的車轍裡的小魚，尚且希望得到一升水活命。❷弱喪　很早就喪失（大道）。弱，年少。這裡指很早。❸造　到……去。這裡引申為學習、掌握。❹業　指不符合大道的思想行為。「業」本為佛教術語。佛教認為人在六道中生死輪迴，是由業決定的。業包括行為、語言、思想意識三個方面，分別稱身業、口業、意業。業有善有惡，一般偏指惡業。❺道德　道指天地萬物的總規律，德指各種具體事物所具備的特性。德來自道，是道的一部分。❻色味　華麗的色彩和美好的食物。這裡泛指各種物質利益。❼恬素　恬淡素樸的生活。❽竭難得之貨　用盡很難得到的財物。竭，用盡。貨，財物。❾市來生之福　換取來生的幸福。市，買賣；交換。這一句是針對佛教信徒講的。道教認為祇要誠心修道，今生即可獲得幸福，長生不死，而追求來生幸福則是虛幻的。❿易染　容易受外界的誘惑。染，感染；誘惑。⓫云　說；認為。⓬劫　本為佛教用語。天地一成一敗叫一劫。表示很長的時間。⑬審惟倒置　仔細想一想本末倒置的事情。審，審察；弄明白。惟，思考；想。⑭甚　過分；嚴重。⑮妙真經　書名。道教經典。⑯經　指道教經書。⑰道人致之　得道之人能夠長壽。致，獲得；能夠。之，代指生命，這裡指長壽。⑱非命祿也　不是因為命運好。命祿，好命運。祿，福。⑲西昇經　書名。道教經典。⑳修短　長短。修，長。㉑捫心苦晚　明白這一道理，但苦於太晚了一點。捫心，手摸胸口，自我反省。㉒少　通「稍」。稍微；片刻。㉓恨　遺憾。㉔朝菌之年　短暫的壽命。朝菌，一種朝生暮死的菌類植物。比喻時間短暫。年，壽命。㉕知命　五十歲。《論語‧為政》：「五十而知天命。」後人因而以「知命」為五十歲的代稱。㉖要　要點；關鍵。㉗寸陰　短暫的光陰。㉘景燭　代指光。景，陽光。燭，燭光。㉙尋　尋思；研究。㉚直　正；正確。㉛心病　指世俗人熱心於名利而不知靜心的毛病。㉜坐忘　物我兩忘、澹泊無思慮的精神境界。㉝階次　階段。㉞樞翼　重要的輔助部分。樞，重要部分。翼，輔助。「樞翼」為坐忘的七個階次之外的一段文字，綜述坐忘思想的主旨。

【語譯】人最為寶貴的是生命，而生命之中最為寶貴的是大道。人有了大道，就如同魚有了水。身陷於將要乾涸的車轍中的小魚，尚且希望能夠得到一升水活命；而很早就喪失了大道的世俗人，卻沒有想到要歸依大道。人們討厭生生死死給自己帶來的痛苦，卻又喜歡造下能夠引起生死輪迴的惡業；人們往往重視道和德的名聲，卻又常常輕視符合道和德的行為。人們喜愛華麗的色彩、美好的食物等各種物質享受並以此為得意，鄙視恬淡樸素的生活而以此為窮困羞恥。人們花盡很難得到的財物，去換取來生的幸福；人們放縱自己的容易受外界誘惑的情欲，從而喪失了生命中的大道。人們自以為很聰明，實際上卻如同生活在夢中那樣迷亂不堪。人們生來死去，如此循環往復永無休止之時。仔細想想那些本末倒置的事情，有哪一件比這種做法更為嚴重。因此《妙真經》說：「人們常常喪失大道，並非大道拋棄人們；人們常常喪失生命，而並非生命中沒有大道。」所以養生的人千萬不要背離大道，修道的人千萬不要違反生理，使大道與生命相互守候，生命與大道相互保護，這二者不相分離，然後就能夠長生。我們說的長生，就是得道的本質表現。道經上說：「生命，是上天賜予人們的最大恩德，是大地最樂於做的事情，也是人們最大的福氣。得道之人能夠長生，並非因為他們的命運好。」所以《西昇經》又說：「我自己的生命完全由我自己掌握，而不由上天決定。」由此看來，生命的長短在於自己，得到了長壽而並非上天所給予，失去了生命也並非被別人奪走。我通過反省明白了這一道理，苦於太晚了一點，時光不會稍留片刻。我遺憾的是自己生命短暫，且已年過五十，但歸依大道的要領，我卻依然不夠精通。為此我珍惜每一寸光陰，因為光陰快如光速。我努力研究道經中的旨意，道經中講的事情比較簡單，說的道理也很正確，要求做的事情也容易辦到。我對應著世人貪戀名利、心情浮躁的毛病，簡單地寫下了安心坐忘的方法，大略共有七條，闡述了修道的幾個階段，另外還有一篇〈樞翼〉，我把它們編排、敘述如下。

【研　析】司馬承禎的這篇〈序〉很短，主要是說明自己寫作《坐忘論》的目的。這篇〈序〉雖然很短，但提到了道教的三個重要問題，蘊涵著十分豐富的內容。

第一，重申了生命重於一切的思想。

〈序〉的第一句話就是：「夫人之所貴者生也。」一開始就把生命重於一切的主張展現在讀者面前。遠在先秦，老子就講過「長生久視」（《老子》第五十九章）之類的話，莊子則把生命看得高於一切，提出了「兩臂重於天下」（《莊子・讓王》）的生命至上思想。道教出現後，更把保護身體健康、進而長生不死當作自己追求的最終目標。應該說，道家道教抓住了人生的要義。

對於生命的重要程度，人們有不同的看法。有一首人們耳熟能詳的西方詩歌：

生命誠可貴，愛情價更高。若為自由故，二者皆可拋。

在生命、愛情和自由三者之中，這首詩把生命的價值估得最低，愛情的價值要高於生命，而自由的價值又高於愛情。這首詩的境界可謂高尚，但實際上是一筆沒有算清楚的糊塗賬。詩人認為，為了愛情和自由，可以拋棄自己的生命。我們不禁要問，如果拋棄了自己的生命，我們是否就能夠得到愛情和自由了呢？生命是愛情和自由的載體，如果沒有生命，所謂的愛情和自由又能在什麼地方體現出來呢？說到底，這首詩是帶有理想主義的詩人在他感情最激越的時候呼出的口號，而不是哲人在經過反復思考之後所作出的理性結論。我們很贊成中國的一句俗話：

留得青山在，不怕沒柴燒。

這兩句話無論是字面還是含義，都很俚俗化或世俗化，境界似乎也沒有上一首詩歌高尚，然而它極為明確地表達了中華民族那種堅韌不拔的可貴品質。我們今天沒有得到自由和愛情，不妨奮鬥下去，一直到明天；明天我們還沒有得到自由和愛情，不妨繼續奮鬥，奮鬥到後天……，一直奮鬥到得到自由和愛情的那一天。也許到了上帝召喚我們回到祂身邊的時候，我們依然是兩手空空，既沒有自由，也沒有愛情，那我們也會非常坦然地對上帝說：「我們奮鬥了，雖然我們什麼也沒有，但我們奮鬥了。」相信寬厚而明理的上帝一定不會責備我們。如果我們在沒有獲得自由和愛情的今天，就聽信了詩人熱情而盲目的鼓動，匆匆放棄自己的生命，那麼連一個遺憾和後悔的機會都沒有給自己留下。

因此，無論是追求任何人生目的，我們都應該首先保護好自己的生命，有了生命，就有希望，就會有一切。基於這一點，道教重視生命，是抓住了人生的要義。

第二，把壽命長短的主宰權緊緊握在自己的手中。

儒家有一句很有名的話：「死生有命，富貴在天。」（《論語・顏淵》）道教反對追求富貴，但重視生死。儒家認為一個人的生死是由命運決定的，個人的努力不起任何作用。而司馬承禎對此不以為然，他引用《西昇經》中的「我命在我，不屬於天」的話，把生命長短的決定權從上天那裡奪回來，握在自己手中。這種重視人力、蔑視天命的思想，極大地增強了人的養生信心，對道教的發展也極為有利。還要說明的一點是，持這一觀點的道派是道教中思想最為積極主動的一派，然而並非主派。大多數道派的意見是既重視個人養生的作用，也十分重視神靈的力量。

第三，重視神養。

道教用來養生求仙的方法很多，但從總體看，不外乎外丹（養形）和內丹（養神）兩種。所謂外丹，就是人們常說的服食金丹。對於人的生命是否能夠無限延續的問題，主張外丹的道士有一個邏輯推理的過程。他們看到人們總是喫一些容易腐爛的果蔬、粱肉，而人們還能夠活到數十歲或上百歲，於是他們就想：如果人們喫的是永不腐爛的金屬物，他們的壽命將會有多長呢？答案是肯定的，祇要人能夠消化金屬物，把金屬物的永存屬性吸收到人的肉體之中，那麼人也就可以長生不死了。但道士們也清楚地知道，金屬物是不可以直接像瓜果那樣入口可食，於是就出現了煉丹，把某些金屬物煉成可以食用的丹藥，然後通過一段時間的服食，逐漸使這些金屬物像雨露潤物那樣滲入人的肉體，於是便成了不死的神仙了。

唐宋時期，服食金丹的風氣依然盛行。但金丹有毒，唐朝的幾位皇帝，如太宗、憲宗等都是因服金丹而死，服食金丹的還有高宗、武則天、玄宗、武宗等。服食金丹的文人學士就更多了，李白、杜甫、白居易都煉過金丹，以反對佛教和服食金丹著稱的韓愈最終也是因為服用金丹而去世。

由於服用外丹的效果不佳，到了後來，道教又提倡內丹。所謂內丹，就是以身體為「爐鼎」，把體內的陰陽之氣煉成「真丹」，以達到精神不死的目的。所謂的內丹，實際上就是神養。通過精神修養，以達到成仙的目的。這種內丹修煉一直延續發展，與今天的氣功有直接關聯。

司馬承禎主張的「坐忘」，就屬於養神一類，是道教外丹向內丹發展的一個過渡形態。

因此，作為一位具有重大影響力的道教人物，司馬承禎提出的「坐忘」理論，在道教發展史上具有重要的意義。

另外，本序的寫作結構也值得我們學習。〈序〉的一開始就指出人最寶貴的是生命，從而引起人們的共鳴；那麼如何永遠保有自己的生命呢？作者的回答就是學道；而學道的關鍵是靜心，靜心的最好方法是「坐忘」。作者循循善誘，一步步把讀者的注意力引向了全書的主旨——坐忘。

敬信一

【題解】敬信，虔誠地信仰。作者認為得道成仙的首要條件就是敬信，祇有對自己所修之事堅信不疑，纔能進入修道狀態，纔能最終得道。這就是人們常說的誠則信，信則靈。

夫信者道之根，敬者德之蔕❶，根深則道可長，蔕固則德可茂❷。然則璧耀連城之彩，卞和致刖❸；言開保國之效，伍子從誅❹。斯乃形器著而心緒迷❺，理事萌而情思忽❻，況至道超於色味❼，真性隔於可欲❽，而能聞希微❾以懸信❿，聽罔象⓫而不惑者哉？如人有聞坐忘之法，信是修道之要，敬仰尊重，決定無疑者，加之勤行，得道必矣。故莊周⓬云：「隳肢體⓭，黜聰明⓮，離形去智⓯，同於大通⓰，是謂坐忘。」夫坐忘者，何所不忘哉？內不覺其一身，外不知乎宇宙⓱，與道冥一⓲，萬慮皆遺，故莊子⓳云「同於大通」。此則言淺而意深，惑者聞而不信，懷寶求寶⑳，其如之何㉑？故經云：「信不足，有不信㉒。」謂信道之心不足者，乃有不信之禍及之，何道之可望㉓乎？

【章旨】本章闡述了修習坐忘法的第一個階段，即虔誠地信仰。有了虔誠信仰，修道纔能成功，否則就不能得道，甚至還會有災難發生。

【注釋】❶蔕 同「蒂」。花或瓜果與枝莖相連的部分。引申為本原、根本。❷茂 茂盛。引申為高尚。❸然則璧耀連城之彩二句 然而和氏璧雖然光彩照人、價值連城，卞和卻因為獻它而被楚王截去雙腳。璧，玉璧。這裡指和氏璧。卞和，春秋時楚國人。刖，古代把腳砍掉的一種酷刑。相傳卞和發現了一塊玉璞，先後獻給楚厲王和楚武王，楚王使玉工鑒定，都說是石頭，卞和遂因欺君罪先後被截去雙腳。楚文王即位，卞和抱玉璞哭於荊山之中，楚文王使人剖璞加工，果得寶玉，稱為和氏璧。❹言開保國之效二句 伍子胥的諫言雖然具有保衛國家的作用，但他還是被君主殺掉。伍子，名員，字子胥。他先後輔佐吳王闔閭、夫差，擊敗越、楚，後因進諫吳王夫差，漸被疏遠，最後吳王賜劍命他自殺。❺斯乃形器著而心緒迷 玉璞是一件具體的事物，清清楚楚地放在那裡而楚王心裡依然迷惑不解。斯，代詞。指玉璞。著，顯露；清楚。心緒，指楚厲王和楚武王的思想。迷，迷惑。指不明白玉璞的價值。❻理事萌而情思忽 伍子胥把道理、事情講得明明白白，而吳王在思想上依然無法理解。理事，指伍子胥進諫時講的道理和事情。萌，草木發芽。引申為顯露、明白。情思，指吳王夫差的思想。忽，恍忽；糊塗。❼至道超於色味 至高無上的大道超出了具體事物的範疇。色味，指可視可嗅的具體事物。大道是指規律、法則，看不見摸不著，所以說它「超於色味」。❽真性隔於可欲 天然本性被名利所遮蔽。真性，天然本性。道家認為，祇有恢復清靜無欲的真性纔能認識大道。隔，阻隔；遮蔽。可欲，想得到的東西。主要指名利。❾希微　無聲無形。指大道。希，沒有聲音。微，沒有形體。❿懸信　產生信仰。⓫罔象　沒有形象。指大道。罔，無；沒有。⓬莊周　戰國時宋人。道家代表人物，著有《莊子》一書。⓭隳肢體　忘掉自身的存在。隳，廢去。引申為忘掉。⓮黜聰明　不要視聽。黜，廢除；不要。聰，聽得清。明，看得清。⓯離形去智　拋棄形體，除去智慧。⓰大通　無所不通的大道境界。⓱宇宙　天地萬物。空間叫宇，時間叫宙。這裡泛指天地萬物。⓲冥一　融為一體。冥，冥合；暗合。⓳莊子　即莊周。⓴懷寶求寶　自身就具備了得道的能力，卻還到處尋找這種能力。寶，指寶貴的得道能力。㉑如之何　對這樣的人又有什麼辦法？之，代指「聞而不信，懷寶求寶」的人。㉒信不足二句　這二句出自《老子》。原意為：因為統治者的誠信不足，所以百姓不信任他。這裡的意思是：因為信道之心不足，所以沒有虔誠的信仰。㉓望　希望得到。

【語　譯】信仰是學道的根基，敬重是修德的根本，根基深厚則學道自然日有長進，根本牢固則品德自然日漸高尚。然而和氏璧雖然光彩照人、價值連城，卞和卻因為獻它給楚王而被截去雙腳；伍子胥的諫言具有保衛國家的作用，吳王卻賜劍命他自盡。和氏璧是一個真真切切的具體事物，而楚王卻糊糊塗塗看不到它的貴重；伍子胥講的道理、事情明明白白，而吳王卻糊糊塗塗聽不出其中的價值；更何況至高無上的大道已經超越了具體事物的範疇，那些真性被名利所遮蔽的人們，能夠一聽見無聲無息的大道就產生信仰，一聽到無形無象的大道而不產生懷疑嗎？如果有人聽到了坐忘這一方法，相信這是修道的關鍵，對它敬重、信仰，決心修煉毫不懷疑，再加上勤苦實踐，那麼他肯定能夠得道。因此莊子說：「忘掉自身，除去視聽，拋棄形體，不要智慧，同無所不通的大道化為一體，這就叫坐忘。」能夠達到坐忘境界的人，還有什麼不能忘掉呢？對內感覺不到自身的存在，對外感覺不到天地萬物的存在，與大道融為一體，各種各樣的思慮全被遺忘。因此莊子說：「同無所不通的大道化為一體。」這話講得淺顯易懂而含義卻十分深刻。那些糊塗人聽到這些話是不會相信的，他們自身已經具備了修道的能力卻又到處去尋找這種能力，對這樣的人又有什麼辦法？因此道經上說：「因為信道之心不足，所以沒有虔誠的信仰。」這話講的是信道之心不足的人，就會有因缺乏信仰而造成的災禍降落在他們的身上，哪裡還有希望去獲得大道呢？

【研　析】所謂「敬信」，就是虔誠的信仰。可以說，虔誠的信仰是一切宗教的基石。沒有信仰，也就沒有宗教。本篇中，司馬承禎具體的要求人們信仰的對象可分為兩個層次：一是對道的信仰，二是對修道方法的信仰。

「道」是中國幾乎所有學派都重視的一個概念。道家重道，把道視為萬物的本源和萬物必須遵循的規律，故被後人稱為道家。儒家也重道，所以孔子說：「朝聞道，夕死可矣。」（《論語・里仁》）他為自己和弟子制定的生活準則就是：「志於道，據於德，依於仁，游於藝。」（《論語・述而》）後來的宋明理學屬於儒家，因為重「道」，又稱「道學」。佛教也重道，所以寺廟又稱「道場」，六朝時的僧人又稱「道人」，而不信佛法的人則被稱為「外道」。雖然各家都重道，但對道的具體內容卻有不同的解釋。

道教同樣重道。道教之所以被稱為道教，就是因為道教把「道」作為自己的最高概念。

道教的「道」，內容雖然十分豐富，但核心就是養生成仙。這就是說，信道就是信仰人能夠成仙。司馬承禎認為，由於人們受到自身素質、世俗觀念、特別是名利等各個方面的限制和影響，往往對一些比較明確的事物和道理都無法理解，更何況是看不見摸不著、玄妙無比的大道呢？因此，要想確立對大道的信仰，並非一件易事。司馬承禎認為，人們之所以會遇到各種災難，就是因為對大道的信仰不足，因此也就不去修道。要想免除一切災難，要想得道成仙，必須確立對大道的虔誠信仰。這是信仰的第一個層次。

確立了對道的信仰還遠遠不夠，因為如果沒有正確的修道方法，同樣無法得道。所以信仰的第二個層次就是要確信「坐忘」這一修道方法。文中說：

如人有聞坐忘之法，信是修道之要，敬仰尊重，決定無疑者，加之勤行，得道必矣。

我們在上一篇的「研析」中已經談到，道教提出的修道方法很多，而司馬承禎認為「坐忘」這一方法最好。祇要對這一方法建立充分的信心，再加上刻苦修煉，就一定能夠通過這一途徑，達到與道融而為一的境界。達到這一境界，實際上也就是得道成仙了。

司馬承禎的信仰思路是：道是人們應該追求的對象，得到道，也就達到了長生成仙的最高境界；要想得到道，必須找到一條正確的途徑，而這條途徑就是坐忘。可以說，司馬承禎既為人們指明了追求的目標，也為人們指出了達到這一目標的途徑。而這一切，都要靠虔誠的信仰所產生無比堅定的實踐力量來完成。

司馬承禎的「敬信」思想，不僅適用於人們的宗教修煉，也適用於人們的世俗生活。在世俗生活中，大到追求某種崇高的理想，小到從事某個具體的事業，人們如果能夠對自己的這種理想和事業抱有虔誠信仰的態度，就能從中生發出百折不撓的執著精神，有了信仰和執著精神，理想就一定能夠實現，事業就一定能夠成功。

萬事欲成信為首，信仰的力量是無窮的。無論是世內還是世外，祇要有了信仰，就可以創造出奇蹟。從這個角度講，司馬承禎把「敬信」放在首位，是抓住了修習坐忘法的關鍵。我們如果能夠把這種信仰精神引申並運用到世俗生活中，也會對我們的生活產生不可估量的有益作用。

斷緣二

【題解】斷緣，斷絕一切塵緣，不為世俗所累。作者認為要想得道成仙，必須斬斷塵緣，做到清靜無為，這樣就能心靜體安，為進入坐忘境界進一步打好基礎。

斷緣者，謂斷有為❶俗事之緣也。棄事則形不勞，無為則心自安。恬簡日就❷，塵累日薄❸；跡彌遠俗❹，心彌近道，至神至聖❺，孰不由此乎？故經云：「塞其兌❻，閉其門❼，終身不勤❽。」或❾顯德露能，來人❿保己；或遺問慶弔⓫，以事往還；或假修隱逸⓬，情希昇進⓭；或酒食邀致，以望後恩。斯⓮乃巧蘊⓯機心，以干時利⓰，既非順⓱道，深妨正業⓲。凡此之類，皆應絕之。故經云：「開其兌，濟其事⓳，終身不救。」我但不唱⓴，彼自不和；彼雖有唱，我不和之，舊緣漸斷，新緣莫結，醴交勢合㉑，自致日疏㉒。無事安閑，方可修道。故莊子云：

「不將不迎㉓。」為無交俗之情故也。又云：「無為名尸㉔，無為謀府㉕，無為事任㉖，無為知主㉗。」若事有不可廢者，不得已而行之，勿遂生愛，繫心為業㉘。

【章旨】本章闡述了修習坐忘法的第二個階段，即斷絕一切塵緣。本章要求修煉者盡可能地遠離一切俗事俗人，即使遇上必做之事，做事時也不可產生愛惡之情，以免攪亂平靜的心境。

【注釋】❶有為　與「無為」相對。指為了名利富貴而終日忙忙碌碌。❷恬簡日就　恬淡簡樸的生活一天天形成。就，形成。❸薄　減少。❹跡彌遠俗　行跡越來越遠離世俗。跡，行跡。彌，更加。❺至神至聖　指至神至聖的得道之人。❻塞其兌　堵塞自己的耳目。兌，孔竅。指耳目口鼻等。❼閉其門　關閉自己的口鼻。門，意思與「兌」同。耳目口鼻是引起欲望、招惹是非的途徑，因此要關閉它們。❽勤　勞苦；痛苦。以上三句出自《老子》。❾或　有的人。❿來人　招攬別人；籠絡人心。來，通「徠」。招致。⓫遺問慶弔　送禮，慰問，慶賀，弔唁。遺，贈送。⓬假修隱逸　假借修道隱居。⓭情希昇進　真實思想是希望入世當官。情，真實思想。⓮斯　代詞。代指以上幾種人。⓯蘊　包含。⓰以干時利　以此來追求當世的名利。干，追求。時，當時；當世。⓱順　遵循。⓲正業　正當的事情。這裡指修道。⓳濟其事　成就一番世俗事業。濟，成。本段引文出自《老子》。⓴唱　同「倡」。提倡。㉑醴交勢合　為了謀取名利權勢而勾結在一起。醴交，類似今天說的酒肉朋友。醴，甜酒。《莊子》說：「君子之交淡若水，小人之交甘若醴。」勢合，為權勢而交結。㉒疏　疏遠。㉓不將不迎　不主動迎來萬物。一切順其自然。將，送。㉔無為名尸　不做名人。無為，不做。名尸，名聲的主人。即名人。尸，主。㉕謀府　藏智謀的地方。猶今人講的「智囊」。㉖事任　即任事。承擔世俗事務。㉗知主　即主智。主宰智慧；運用智慧。知，通「智」。㉘繫心為業　放在心裡以形成惡業。

【語　譯】所謂的「斷緣」，就是指斷絕為了名利而終日忙碌的俗事之緣。拋棄世俗事務，那麼身體就不會勞累，做到清靜無為，那麼心情就會安寧。恬淡簡樸的生活習慣一天天形成，塵世間的拖累就會一天天減少；行跡越來越遠離世俗，思想就會越來越接近大道，那些至神至聖的得道之人，哪一位不是因此而成功呢？所以道經上說：「堵塞自己的耳目，關閉自己的口鼻，終身不會遭受痛苦。」有的人宣揚自己的美德，炫耀自己的才能，以此來籠絡人心，保護自我；有的人忙於送禮慰問、慶賀弔唁，找事情與人交往；有的人假借隱居修道的途徑，實際上是想借此昇官發財；有的人安排酒食邀人赴宴，目的是貪圖別人以後的回報。這些人都是內含偷機取巧之心，以追求眼前的利益，這些做法既不符合大道，又嚴重地妨礙了他們對大道的修習。所有這一類的行為，都應該清除掉。因此道經上說：「博見多欲，想成就一番世俗事業，終身不可救藥。」祇要我自己不主動提倡做事，別人自然不會前來應和；即使別人有所提倡，我也不去應和他，舊的塵緣就會逐漸斷除，新的塵緣也不會產生，酒肉之交、權勢之友自然會一天天疏遠。做到了安閑無事，纔可以修習大道。因此莊子說：「既不去主動送走萬物，也不去主動迎來萬物。」這就是因為已經沒有與世俗交往的念頭了。莊子還說：

「不要做名人，不要當智囊，不要承擔事務，不要運用智慧。」如果遇到非做不可的事情，那麼就以一種不得已的態度去做這件事情，但不要因此而產生愛惡之情，從而把這件事情記掛在心裡以形成惡業。

【研　析】「斷緣」就是斷絕一切塵緣，不為世俗所累。「斷緣」這一思想行為，在中國可以說是源遠流長，它首起於隱士階層，那時還祇是一種生活方式；道教出現後，則又被賦予了宗教的意義。

遠在傳說的時代，就已經出現了著名的許由、巢父兩位隱士，關於他們的「斷緣」，還有一個有趣的故事。皇甫謐的《高士傳》記載：

許由字武仲，堯聞，致天下而讓焉，乃退而遁於中嶽潁水之陽、箕山之下隱。堯又召為九州長，由不欲聞之，洗耳於潁水濱。時有巢父牽犢欲飲之，見由洗耳，問其故，對曰：「堯欲召我為九州長，惡聞其聲，是故洗耳。」巢父曰：「子若處高岸深谷，人道不通，誰能見子？子故浮游，欲聞求其名譽，汙吾犢口。」牽犢上游飲之。許由歿葬此山，亦名許由山，在洛州陽城縣南十三里。

許由堅決要斷絕塵緣，不與世俗交往，因此他認為堯召自己去當九州長是玷汙了自己的耳朵，於是便跑到潁水河邊去洗耳；而巢父認為許由經常在世俗社會裡遊蕩，故而混出了名聲，也不是一個真正高潔、乾淨之人，於是就把小牛牽到上游去喝水，以免許由的洗耳水玷汙了自己小牛的嘴巴。看來，巢父的塵緣比許由斷絕得更乾淨。據史料記載，此後的隱士，也大多藏身於深山老林之中，少與世俗交往。

值得注意的是，古代傳說中的神仙也喜歡住在遠離世俗的山水之中。中國先秦有兩大神仙派系，一派居住在東邊的海上三山，一派居住在西邊的昆侖山。《莊子》中描寫的神仙基本上也都生活在山中。這一觀念在漢代得到了進一步鞏固，《史記・司馬相如列傳》記載：「相如以為列仙之傳居山澤間，形容甚臞，此非帝王之仙意也，乃賦就〈大人賦〉。」這就是說，在漢代，從皇帝到官員，都承認神仙的居住地在遠離世俗的山林之中或大海之上。道教出現之後，道士更把遠離塵世、進山修煉作為成仙的必要條件之一。葛洪《抱朴子・內篇・金丹》說：

合此金液九丹，既當用錢，又宜入名山，絕人事。……勿令俗人之不信道者，謗訕毀之，必不成也。……鄭君云：左君告之，言諸小山，皆不可於其中作金液九丹。凡小山皆無正神為主，多是木石之精，千歲老物，血食之鬼，此輩皆邪炁，不念為人作福，但能作禍。……是以古之道士，合作神藥，必入名山，不止凡山之中，……（名山）皆是正神在其山中，其中或有地仙之人。上皆生芝草，可以避大兵大難，不但於中以合藥也。若有道者登之，則此山神必助之為福，藥必成。

到名山中去修煉，成功的條件多，煉長生丹，成人間仙，都很方便。葛洪在書中還列舉了華山、泰山、恆山等數十座可以作為修道場所的名山，供企慕神仙的人參考。需要著重指出的是，葛洪講進深山纔能修仙成功的訣竅是前人一代一代傳下來的，這就進一步說明進山修煉是道教的老傳統了。

隱士遠離塵世住在山林，道士也遠離塵世住在山林，二者在行為上具有契合之處，但二者的目的並不完全相同。隱士進山是為了避開塵世的喧雜，以求安身靜心；道士進山是為了躲避俗人的胡言亂語，求得神仙的幫助，以便能夠煉丹成仙。司馬承禎則把二者合而為一，他在闡述「斷緣」的具體好處時說：

棄事則形不勞，無為則心自安。

斷絕塵緣以後，修道者可以得到形體輕鬆、心神安定兩個方面的益處。綜觀《坐忘論》全書，司馬承禎在「形不勞」和「心自安」兩者中，更重視後者。他認為斷絕塵緣後可以有效地保證心境的安靜，而心境的安靜又是修習坐忘法的關鍵，實際上也就是得道成仙的關鍵。可見，司馬承禎的「斷緣」具備了「靜心」和「成仙」兩個層次的意義。

還有一點值得注意的是，司馬承禎在文中沒有提到進深山以「斷緣」的問題，但他一生的行事證明他也是主張修道應生活於深山之中。在本書的「導讀」中已經大致介紹了他的生平，從中可以知道，他一生的主要活動地點是在嵩山、天台山、衡山、王屋山等大山之中。

他雖然多次被召入朝廷，但面對世俗的各種名利毫不動心，在朝廷逗留的時間都不長，就又毅然回到山中，最終也是在山中仙逝。可以說，司馬承禎在「斷緣」方面堪為楷模。

不塞不流，不止不行。不清除人們的世俗名利之心，就不可能樹立起虔誠向道的信念；不減少人們的世俗活動，就不可能有更多的精力投入修道的事情之中。這就是「斷緣」的重要意義所在。

收心三

【題解】收心，把心思從世俗中收斂回來，使它安寧平靜，逐步進入修道狀態。收心的過程，實際也就是逐漸清除塵世之情的過程。

夫心者，一身之主，百神之帥。靜則生慧，動則成昏。欣迷幻境之中❶，惟言寔是❷；甘宴有為之內❸，誰悟虛非❹？心識顛癡❺，良由所託之地❻。且卜鄰❼而居，猶從改操❽；擇交而友，尚能致益。況身離生死之境❾，心居至道之中，安不捨彼❿乎？能不得此⓫乎？

所以學道之初，要須安坐，收心離境⓬，住無所有⓭，不著⓮一物，自入虛無⓯，心乃合道。故經云：「至道之中，寂無所有，神用無方⓰。」心體亦然⓱。源⓲其心體，以道為本，但為心神被染⓳，蒙蔽漸深，流浪日久，遂與道隔。今若能淨除心垢⓴，開釋神本㉑，名曰修道；無復流浪，與道冥合，安在道中，名曰歸根[22]；守根不離，名曰靜定[23]。靜定日久，病消命復[24]，復而又續[25]，自得知常[26]。知則無所不明，常則永無變滅，出離[27]生死，實由於此。是故法[28]道安心，貴無所著[29]。故經云：「夫物芸芸[30]，各歸其根。歸根曰靜，靜曰復命[31]。復命曰常，知常曰明。」若執心住空[32]，還是有所[33]，非謂無所[34]。凡住有所，則自令人心勞氣發[35]，既不合理，又反成疾。但心不著物，又得不動，此是真定正基[36]。用此為定，心氣調和，久益[37]輕爽。以此為驗[38]，則邪正可知。

若心起[39]皆滅，不簡[40]是非，永斷知覺，入於盲定[41]。若任心所起，一無收制，則與凡人元來[42]不別。若唯斷善惡，心無指歸[43]，肆意浮游，待自定者，徒[44]自誤耳。若遍行諸事，言心無染[45]者，於言甚美，於行甚非。真學之流[46]，特宜戒此。今則息亂而不滅照[47]，守靜而不著空[48]，行之有常，自得真見[49]。如有時事[50]，或法有要疑[51]者，且任思量，令事得濟[52]，所疑復悟，此亦生慧正根[53]。事訖[54]則止，實[55]莫多思，多思則以知[56]害恬，為子傷本[57]，雖騁一時之俊[58]，終虧萬代之業[59]。

若煩邪亂想，隨覺則除[60]；若聞毀譽之名，善惡等事，皆即撥[61]去，莫將心受。若心受之，即心滿，心滿則道無所居。所有聞見，如不聞見，則是非美惡，不入於心。心不受外[62]，名曰虛心[63]；心不逐外[64]，名曰安心。心安而虛，則道自來止[65]。故經云：「人能虛心無為，非欲於道，道自歸之。」

內心既無所著，外行亦無所為。非淨非穢[66]，故毀譽無從生；非智非愚，故利害無由至。實則順中為常權[67]，可與時消息[68]，苟[69]免諸累，是其智也。若非時非事[70]，役思強為[71]者，自云不著，終非真覺[72]。何邪？心法如眼也，纖毫入眼，眼則不安。小事關心[73]，心必動亂。既有動病，難入定門[74]。是故修道之要，急在除病，病若不除，終不得定。又如良田，荊棘未誅[75]，雖下種子，嘉苗[76]不成。愛見[77]思慮，是心荊棘，若不除翦，定慧不生。

或身居富貴，或學備經史，言則慈儉[78]，行乃貪殘，辨足以飾非[79]，勢足以威物[80]，得則名己[81]，過必尤人[82]。此病最深，雖學無益。所以然者，為自是[83]故。

然此心由來依境[84]，未慣獨立，乍[85]無所託，難以自安，縱得蹔安，還復散亂。隨起隨制[86]，務令不動，久久調熟，自得安閑。無問[87]晝夜、行止[88]坐臥，及應事[89]之時，常須作意[90]安之。若心得定，但須[91]安養，莫有惱觸[92]。少得定分[93]，則堪[94]自樂；漸漸馴狎[95]，唯覺清遠[96]。平生所重[97]，已嫌弊陋[98]，況因定生慧[99]，深達真假[100]乎？牛馬，家畜也，放縱不收，猶自生鯁[101]，不受駕御。鷹鸇[102]，野鳥也，被人繫絆，終日在手，自然調熟。況心之放逸，縱任不收，唯益麤疏[103]，何能觀妙[104]？故經云：「雖有拱璧[105]，以先駟馬[106]，不如坐進此道。」

夫法之妙者，其在能行，不在能言。行之則此言為當，不行則此言為妄[107]。又時人所學，貴難賤易，若深論法，惟廣說虛無，思慮所不達[108]，行用所無階[109]者，則歎不可思議而下風盡禮[110]。如其信言不美[111]，指事陳情[112]，聞則心解[113]，言則可行者，此實不可思議而人不信。故經云：「吾言甚易知，甚易行。天下莫能知，莫能行。夫唯不知，是以不吾知[114]也。」或有言火不熱[115]、燈不照闇[116]，稱為妙義。夫火以熱為用，燈以照為功[117]，今則盛言火不熱，未嘗一時廢火；空言燈不照闇，必須終夜然[118]燈。言行相違，理實[119]無取，此只破相之言[120]，而人反以為深玄之妙[121]。雖則惠子[122]之宏辯，莊生[123]以為不堪[124]。膚受之流[125]，誰能科簡[126]？至學[127]之士，庶不[128]留心。

或曰：「夫為大道者，在物而心不染，處動而神不亂，無事而不為[129]，無時而不寂[130]。今猶避事而取靜，離動而之[131]定，勞於控制，乃有動靜二心[132]，滯於住守[133]，是成取捨兩病。不覺其所執[134]，仍自謂道之階要，何其謬[135]耶？」述[136]曰：「總物而稱大[137]，通物[138]之謂道，在物而不染，處事而不亂，真為大矣，實為妙矣。然則吾子之鑒[139]，有所未明。何則？

徒見貝錦之輝煥[140]，未曉始抽於素絲[141]；纔聞鳴鶴之沖天，詎識先資於轂食[142]；蔽日之榦[143]，起於毫末[144]；神凝之聖[145]，積習[146]而成。今徒學語其聖德，而不知聖之所以德。可謂見卵而求時夜[147]，見彈而求鴞炙[148]，何其造次[149]哉！」故經云：「玄德深矣，遠矣，與物反矣[150]，然後乃至大順[151]。」

【章　旨】本章闡述了修習坐忘法的第三個階段，即收斂思緒，靜下心來，讓思想遠離塵世。本章指出修心中的一些偏差，強調心境虛靜的重要，最後還著重說明修道是一個長期積累的過程，無法一蹴而就。

【注　釋】❶欣迷幻境之中　人們欣欣然沉迷於幻境般的塵世生活之中。欣，高興。幻境，指世俗生活。莊子認為人生如夢，這一思想為後人所普遍接受，因此這裡用幻境比喻世俗生活。❷惟言寔是　即「惟是言」。祇相信別人的話。這是在批評世人盲從別人，不知判斷是非真假。寔，無義。是，正確；認為正確。❸甘宴有為之內　甘心安於忙忙碌碌的生活之中。甘，甘心。宴，安。安心於。❹誰悟虛非　誰能明白這種生活是虛幻的、錯誤的？非，錯誤。❺心識顛癡　思想顛倒癡迷。心識，思想。❻良由所託之地　確實是由於他們生活的環境所造成的。良，確實。託，寄託；生活。地，地方；環境。❼卜鄰　選擇鄰居。❽猶從改操　還能跟隨好鄰居改變自己的不良習慣。從，跟隨。操，品行。這裡指不良品行。❾生

死之境　能引起生死輪迴的世俗生活環境。⑩安不捨彼　怎麼會不捨棄追名逐利的世俗生活呢？安，怎麼。彼，代指世俗生活。⑪此　代指大道。⑫境　指世俗生活環境。⑬住無所有　安心於一無所有的虛靜境界。⑭著　放在心裡。⑮虛無　虛靜的精神境界。⑯神用無方　具有無窮的神奇作用。無方，沒有極限。⑰心體亦然　心的本來狀況也是這樣。體，本體；本來狀況。然，這樣。指與大道一樣虛靜神奇。⑱源　用作動詞。探索本源。⑲被染　被世俗名利所汙染。⑳垢　汙穢。指不符合大道的雜念。㉑開釋神本　為大道開闢一條通路。釋，開。神本，神奇的根本。指大道。㉒歸根　回歸到根本。㉓靜定　指心神安靜而不為外物所動。㉔命復　生命恢復生機。㉕續　繼續。指繼續修心。㉖常　不變的原則。指大道。㉗出離　脫離。㉘法　倣法。㉙貴無所著　貴在心中不存有任何俗念。㉚芸芸　眾多的樣子。㉛復命　與上文「命復」同義。㉜執心住空　強制自己的思想居於一無所有的境界。執，把持；強制。㉝還是有所　還是一種有為多事的境界。因為強制的手段屬於人為，非出於自然，所以說是「有所」。㉞無所虛靜的境界。㉟氣發　精氣洩漏。㊱正基　正確的前提。㊲益　更加。㊳以此為驗　以上所說是可以得到驗證的。㊴心起　心中產生的想法。起，產生。㊵簡　選擇；分辨。㊶盲定　指頭腦一片空白、沒有任何意向的精神狀況。宗教家認為這種精神狀況對修道是無益的。㊷元來　原來。㊸指歸　指向；歸依。㊹徒　白白地。㊺無染　不受影響。㊻真學之流　真正想學道的人。流，流派；某一類的人。㊼息亂而不滅照　排除世俗雜念而不排除對修道的思考。亂，雜念。照，思考。㊽著空　大腦處於空白狀態。㊾真見　真正的見解；真理。㊿時事　當前必做的事。(51)法有要疑　修習道法遇到重大疑問。要，重要；重大。(52)濟　成功。(53)正根　正確的前提。(54)訖　結束。(55)實　確實；一定。(56)知　通「智」。智慧。(57)為子傷本　因為次要的東西而損害了重要的事情。子，次要的東西。指處理具體事務的智慧。本，根本；重要的事情。指修道成仙。(58)雖騁一時之俊　雖然施展了一時的才能。騁，施展。俊，俊才。(59)萬代之業　指長生不死之事。(60)隨覺則除　隨時覺察到，隨時就予以排除。(61)撥　排除。(62)外　外部的名利是非。(63)虛心　虛靜的心境。(64)逐外　追逐外界的名利。(65)來止　停留在心中。(66)非淨非穢　既不高尚也不卑鄙。淨，乾淨。指做好事，品質高尚。穢，骯髒；卑鄙。(67)實則順中為常權　這就是要遵循中間路線，並在不違背基本原則的基礎上進行適當的權變。實，通「是」。這。順，遵循。中，中間路線。指上文講的「非淨非穢」、「非智非愚」。常，不變的主要原則。權，權變。(68)與時消息　與時變化，或消或長。息，生長。(69)苟　權且；姑且。(70)非時非事　不分時機，不分事情。(71)役思強為　絞盡腦汁，努力去做。役，役使。(72)真覺　真正的醒悟。(73)關心　記掛在心上。(74)定門　靜心之門。(75)誅　剷除。(76)嘉苗　美好的禾苗。(77)見　主觀成見。(78)慈儉　仁愛和節儉。(79)飾非　文飾自己的錯誤。(80)威物　威脅別人。物，主要指人。(81)得則名己　事情做對了就歸功於自己的名下。得，事情做對了。(82)過必尤人　事情做錯了必定會去責備別人。過，錯誤。尤，責備。(83)自是　自以為是。(84)依境　依賴於所生存的環境。意思是說人們的思想往往受客觀環境的影響。(85)乍　突然之間。(86)隨起隨制　雜念隨時產生，隨時就把它抑制下去。(87)無問　無論；不分。(88)行止　動靜。泛指行為舉動。(89)應事　做事。(90)作意　有意；用心。(91)但須　祇須；還須要。(92)惱觸　用煩惱去觸動它。(93)少得定分　稍稍能夠安靜下來。少，通「稍」。(94)堪能夠；可以。(95)馴狎　馴服。指心安靜下來。(96)清遠　清爽曠遠。(97)所重　所看重的。如名利富貴等。(98)弊陋　粗俗不堪，沒有價值。(99)因定生慧　因靜心而產生智慧。(100)深達真假　深刻地明白什麼是真實的，什麼是虛幻的。達，明白。(101)生鯁　生疏而不聽話。鯁，通「梗」。強硬不順。(102)鶚　鳥名。一種似鷂鷹的猛禽。(103)麤疎　粗淺平庸。(104)觀妙　認識微妙的大道。(105)拱璧　大玉璧。拱，兩手合圍。(106)駟馬　四匹馬駕的車。古人送禮往往有先行禮物，主要禮物隨後。古代部落多，國家小，常發生衝突，因此彼此送禮時，先派少數人帶少量禮物去通知對方，以免產生誤會。所以這裡說「雖有拱璧，以先駟馬」。這幾句引文出自《老子》。(107)妄　虛假。(108)達　理解。(109)無階　不分階段。(110)下風盡禮　一般民眾都會表示敬仰。下風，處於劣勢。這裡指思想上處於下風的一般人。(111)信言不美　不華美的真話。信，真實。(112)指

事陳情　用具體的事情說明道理。陳，說。情，真實情況。引申為道理。113聞則心解　一聽心裡就明白。114不吾知　即「不知吾」。不瞭解我。這段引文出自《老子》。115火不熱　名家惠施的一個命題。認為熱是人的主觀感受，而火自身並不感到熱。此一命題尚有其他解釋，恕不一一說明。116燈不照闇　惠施的一個命題。因為燈光不可能照亮所有的闇處，所以說「燈不照闇」。117功　功用；作用。118然　通「燃」。點燈。119理實　理論和實踐。120破相之言　分析表面現象的言論。破，剖析。相，皮相；表面。121深玄之妙　深奧的妙理。玄，深奧。122惠子　戰國時宋人。姓惠名施。名家主要代表人之一。123莊生　即莊子。生，有才學之人，也為讀書人的通稱。124不堪　忍受不了。引申為難以接受。125膚受之流　思想淺薄的人。膚受，認識不深刻。126科簡　分辨清楚。科，判斷。簡，選擇；判別。127至學　學識高深。128庶不　完全不會。庶，眾多；完全。129無事而不為　沒有任何事情不可以做。130寂　心情平靜。131之到；追求。132乃有動靜二心　卻又產生了動和靜兩種思想。乃，卻。133滯於住守　固執於堅守靜心。滯，固執。134所執　有所固執。135謬　錯誤。136述　敘述；回答。137總物而稱大　能夠總領萬物的叫作「大」。大，指道。《老子》說：「有物混成，……可以為天下母。吾不知其名，字之曰『道』，強為之名曰『大』。」138通物　統率萬物。通，全部。用作動詞。統率。139吾子之鑒　你的思想。吾子，對對方的敬稱。鑒，鑒識；思想。140徒見貝錦之輝煥　祇看到貝錦是那樣的華麗。徒，僅僅；祇。貝錦，一種帶花紋的絲綢。因其花紋狀如貝，故名。貝，貝殼。141素絲　沒有染色的絲。142詎識先資於鷇食　怎麼知道牠是依靠食物從幼鳥時期一點一點慢慢長大的。詎，怎麼。資，依靠。鷇，幼鳥。143榦　樹幹。這裡指大樹。144毫末　細小。這裡指細小的樹苗。145神凝之聖　精神高度專一凝聚的聖人。146積習　不斷積累、學習。147見卵而求時夜　看見雞蛋就想得到報曉的公雞。比喻急於求成。卵，雞蛋。時夜，司夜。公雞夜裡報時，所以古人稱公雞為司夜。148見彈而求鴞炙　見到彈丸就想得到烤鳥肉。彈，打鳥用的彈丸。鴞，鳥名。炙，烤肉。149造次　倉卒；急切。150與物反矣　好像與一般的事理相反。物，事物。這裡指一般的事理。151

大順　非常順利。這段引文出自《老子》，意思是說思想境界很高的人，辦事好像與常理相反，然而辦起事來卻十分順利。

【語　譯】心，是一身的主人，是各種精神活動的統帥。心安靜下來就能產生智慧，躁動起來就會變得糊塗。人們欣欣然迷戀於幻境般的世俗生活之中，祇會相信別人的言論，安心於為了名利而忙忙碌碌的事務之中，又有誰知道這一切都是虛幻的、錯誤的呢？人們的思想顛倒癡迷，確實是由於他們所生活的環境造成的。再說選擇好鄰居而居住，尚可跟著鄰居改變自己的不良品行；選擇優秀的人交朋友，還能使自己獲得不少益處。更何況自己脫離了能引起生死輪迴的生活環境，讓思想停留在至高無上的大道之中，我們怎能不捨棄那種世俗生活呢？又怎能不會去獲取大道呢？

因此在學道的開始階段，最重要的是靜坐下來，收回心思，脫離世俗環境，讓心安居於一無所有的虛靜狀態，心中不放任何一件事情，這樣就能自然而然地進入虛無的精神境界，思想也就自然而然地符合大道了。因此道經上說：「在至高無上的大道之中，寂靜虛無一無所有，然而卻具有無窮的神奇作用。」心的本來狀況也是如此。探索一下人心本來狀況的本源，它是以大道為根本的，祇是因為心神受到外界名利的影響，所受的蒙蔽越來越深，以至於使思想長期漂泊流浪，於是就與大道疏遠了。現在如果能夠清除心中的雜念，為大道開闢一條通路，這就叫作修道；不再讓思想到處漂泊流浪，與大道融而為一，安居於大道之中，這就叫作歸依根本；堅守著這一根本而不分離，這就叫作安靜而不為外物所動。安靜不動的時間久了，疾病就會消失，生命就能恢復生機，生命恢復生機以後再繼續以靜修心，自然就能懂得大道。懂得大道以後就能明白一切事理，掌握了大道以後就能永生不死，脫離生死輪迴，這些神奇效果確實都是得道的緣故。因此學習大道安定心緒，最重要的是心中不放一事。所以道經上說：「萬物眾多，各自都要歸依到根本。歸依到根本可以說是能靜下心來，靜下心來可以說是能使生命恢復生機。生命恢復了生機可以說是懂得了大道，懂得了大道可以叫作明智。」如果強制自己的大腦處於空白狀態，那還是一種有為多事的境界，而不是我所說的虛靜境界。大凡處於有為多事的境界，就會令人心神疲憊，精氣洩漏，這種做法既不合理，還反而會形成疾病。祇有內心不放一事，又不為外界名利所動，這纔是真正靜心的正確前提。根據這一原則修習靜心，心神就會和暢，時間久了就會越來越感到身心輕鬆爽快。以上所說是可以驗證的，通過驗證就可以明白什麼方法錯誤，什麼方法正確。

如果清除心中的一切念頭，也不分是非曲直，永遠斷除所有的知覺，這是進入一種盲目的定心境界。如果聽任所有的念頭產生，完全不加以控制，那麼這與世俗人就沒有什麼區別了。如果僅僅明白什麼是善惡，而思想卻沒有依歸，任由它到處漂蕩，然後等待它自己安靜下來，這就白白地耽誤了自己。如果去做所有的事情，卻說自己的內心並不受這些事情的影響，這些人的話聽起來很美，但他們的行為卻非常錯誤。真正願意學道的人，要特別注意戒除這些毛病。我們如今應該做到的是清除一切雜念而不停止對大道的思考，安守著清靜的心態而又不使大腦處於一片空白，按照這一原則長期修行，自然就能得到真理。如果遇到當下必須做的事情，或者修習道法時遇上重大疑難問題，就要盡力去思考，使事情得到妥善安排，疑難問題得以解決，這也是開發智慧的正確基礎。事情辦完後就把它拋開，一定不要再去多想它，再去多想就會因為開發智慧而損害了恬靜的心境，就會因為細枝末節的小事而傷害了重要的大事，多思考雖然能夠施展一時的才能，但終究會損害修煉長生不死的大業。

如果產生了邪思雜念，隨時覺察到，就隨時把它們清除掉；如果聽到批評、讚美的言論，或看見善良、罪惡的事情，都要及時從內心清除它們的影響，不要把它們放在心裡。如果內心接受這些東西，內心就會被裝滿，如果內心被這些東西裝滿了，那麼大道就沒有地方可以停留。對於一切所見所聞，就如同沒有看見、沒有聽見一樣，那麼是非善惡就不會進入內心。內心不受外界影響，這就叫作心境虛靜；內心不追逐外界名利，這就叫作心境安定。心境安定了就會虛靜，那麼大道自然就會到來並留在心中。因此道經上說：「人如果能夠做到心境虛靜、清靜無為，即使不去追求大道，大道也會自己來到他的心中。」

內心既不放進一件俗事，對外也能夠做到清靜無為。表現得既不高尚也不卑鄙，因此別人的批評和讚譽就不會產生；表現得既不聰明也不愚蠢，因此各種利害就不會到來。這就是說要遵循中間路線，並在不違背基本原則的情況下進行適當的權變，與時變化或消或長，姑且以此免除一切麻煩累贅，這纔是真正的智慧。如果不分是什麼時間，也不分是什麼事情，都絞盡腦汁努力去做，自己還聲稱並沒受到這些事情的影響，這最終也算不上是真正的覺悟。為什麼呢？因為修心之法如同養護眼睛，一絲一毫的東西進入眼中，眼睛都會感到難受不安。

任何一件小事記掛在心上，心境必定會動亂不定。一旦有了這種動亂不定的心病，就很難進入虛靜的境界。因此修道的關鍵，就是要盡快清除這種心病，這種心病如果清除不掉，最終也無法做到虛靜。這件事還好比良田，良田裡的荊棘如果不剷除，雖然播下了種子，美好的禾苗也無法長成。愛惡之情、主觀成見等各種思想雜念，都是長在心裡的荊棘，如果不把它們清除掉，虛靜的心境和高超的智慧就不可能出現。

有的人身居富貴，有的人博學經史，他們口頭上主張仁慈儉樸，行為上卻貪婪殘忍，他們能言善辯足以文飾自己的過失，有權有勢足以威脅他人，事情辦好了就歸功於自己的名下，出現了錯誤肯定會去怪罪別人。這種毛病最為嚴重，即使去學道也不會有什麼益處。他們之所以如此，就因為他們太自以為是了。

然而思想向來是依賴於它所生存的環境，還不習慣於獨立存在，突然之間失去它所依賴的環境，便很難自我安定下來，即使能夠暫時安定下來，不久還是會散亂。這種散亂情況隨時發生，隨時就要把它抑制下去，一定使心境不致散亂，長期堅持不斷修煉，心自然而然會變得安靜閑適。不分白天夜晚，也無論是行是停是坐是臥，甚至是正在做事的時候，也經常須要有意地安定心境。如果心境安定下來了，還必須小心地護養它，千萬不要用煩惱之事去觸動它。祇要稍稍靜下心來，自己就能從中得到快樂；當心慢慢地完全安靜下來時，就會感到神清氣爽，胸懷曠遠。過去所看重的東西，如今也會感到它們是那樣的粗俗不堪而毫無價值，更何況還能夠因為靜心而生出高超智慧，能夠深刻地明瞭什麼是真什麼是假嗎？牛馬，屬於家畜，如果放縱不管，還會變得桀驁不馴，不受人們的駕御。鷹鸇，屬於兇猛的野鳥，被人們用繩子繫住，整天帶在身邊，牠們自然而然地變得馴服聽話。更何況放縱自己的思想，任它漂蕩而不加以約束，這樣衹能使它變得更加淺薄平庸，又如何能夠認識微妙的大道呢？因此道經上說：「即使有大玉璧在先，駟馬在後這樣的重禮，也不如安坐在那裡把大道講給他們聽。」

修習道法的妙處，在於能夠身體力行，而不在於能夠談論。能夠身體力行，那麼所講的言論就恰當；不能身體力行，講的言論就衹能算是一派胡言。另外世人學習時，往往看重艱深的學問，而輕視簡易的學問。如果去宣講深奧的道法，廣泛論述虛無玄妙的道理，讓人們心裡無法理解，也不分修習階段讓人們去實行，那麼人們就會歎服，認為這些道理玄妙得不可思議，從而對其十分敬仰。如果講一些辭句不華美的真話，並用具體事例加以說明，人們一聽就心裡明白，而且還切實可行，這纔是真正的不可思議的至理名言，然而人們卻往往不太相信。因此道經上說：「我的主張非常容易明白，也非常容易實行。然而天下卻沒有人能夠明白，也沒有人能夠實行。正是因為人們都不明白，所以也沒有人能夠理解我。」有人宣稱火不熱、燈光不能照亮闇處，並說這些命題含義微妙。火以熱為作用，燈以照明為功效，如今竭力宣揚火不熱的人，沒有一天不使用火；宣揚燈光不能照亮闇處的人，每個夜晚都必須點燈。這些人的言行相互矛盾，無論是理論還是實踐，都無可取之處，這些都衹是一些辨析表面現象的言論，然而人們反而認為這些都是深奧玄妙的道理。雖然惠子很善於辯論這些命題，而莊子認為人們都難以接受。那些思想淺薄的人，誰能對此加以分辨？那些學識高深的人，則完全不會留意這些命題。

有人會說：「修習大道的人，身處名利之中而內心不會受到影響，身處忙碌之中而心神不會散亂，他們任何事情都可以去做，任何時候又都心靜氣平。如今你卻提倡避開事務追求安靜，脫離忙碌的世俗而追求定心，這在控制自我方面使人辛勞，而且還會出現躁動和安靜兩種念頭，執著於堅持虛靜狀態，這還會造成有所追求、有所捨棄兩種毛病。而你卻感覺不到自己的固執，還自認為這是修道所必須經過的階段，這是多麼大的錯誤啊！」我回答說：「能夠總領萬物的叫作『大』，能夠統率萬物的叫作『道』，處於名利之中而內心不受影響，處於事務之中而心神不會散亂，這真可以算是符合大道了，也確實是很神妙了。然而你的思想，對某些問題還不太明白。為什麼這樣講呢？因為你衹看見貝錦是那樣的華美，卻不知道它最初是由一根根白色蠶絲織成的；你衹看到鳴叫著的鶴鳥一飛沖天，又哪裡知道牠是依靠一口口食物從幼鳥時期一點一點長大的；蔽天遮日的大樹，是慢慢從幼小的樹苗長成；精神高度凝聚的聖人，是靠不斷學習積累纔得以成功。如今你衹能人云亦云地談論聖人的品德，卻不知道聖人如何形成這種品德。你可以說是剛看到雞蛋就想得到報曉的公雞，剛看到彈丸就想喫到烤鳥肉，你是多麼的急切啊！」因此道經上說：「玄妙的品德是那樣的深邃，是那樣的高遠，好像與一般的事理相反，有了這種品德後辦起事來卻十分順利。」

【研　析】〈收心〉是《坐忘論》中最長的一篇，其中涉及的問題也較多，我們選擇其中主要的幾點加以分析。

第一，關於「靜則生慧」。

本篇一開始，就提出心為「一身之主，百神之帥」的正確命題，而這位主、帥是否能夠做到明智聰慧，則直接影響到人的生死禍福。如何使這位主帥變得聰慧而不昏憒呢？司馬承禎的回答就是「靜則生慧，動則成昏」。

這一主靜思想與中國的傳統思想一脈相承。老子就是主靜的學者，提出「重為輕根，靜為躁君」（《老子》第二十六章）的主張。到了莊子時，則把「靜」運用到了認識領域中。他認為，要想認識道，要有一個必要條件，那就是一定要有虛靜的心理狀態。莊子把這種狀態叫作「心齋」，《莊子・人間世》說：

氣也者，虛而待物者也。唯道集虛。虛者，心齋也。

祇有虛靜的心境纔能認識大道。《荀子・解蔽》對此闡述得更清楚：「人何以知道？曰『心』。心何以知？曰『虛壹而靜』。……虛壹而靜，謂之大清明。萬物莫形而不見，莫見而不論，莫論而失位。坐於室而見四海，處於今而論久遠，疏觀萬物而知其情。」認識事物必須有一個虛靜的心理狀態，這一點是非常正確的。司馬承禎繼承了這一思想，強調「靜」在認識真理時的重要作用。司馬承禎的主靜思想對今天的人們也具有啟發意義。

第二，關於「心不著物」。

司馬承禎在本篇說：「心不著物，……是非美惡，不入於心。……心法如眼也，纖毫入眼，眼則不安。」心裡不能放進任何世俗東西，即使是美好的事物也不行，就好比眼睛不能放入任何東西一樣。惡的事物不能放，為什麼善的事物也不能放呢？後來的大詩人白居易對此曾提出疑問，為他解疑的是惟寬禪師。《五燈會元》卷三記載：

師（惟寬禪師）曰：「心本無損傷，云何要修理？無論垢與淨，一切勿念起。」白居易曰：「垢即不可念，淨無念可乎？」師曰：「如人眼睛上，一物不可住。金屑雖珍寶，在眼亦為病。」

這就是說，人心好比眼睛，眼睛固然不能揉進砂子，但也不能揉進金屑。金屑比砂子要貴重得多，但同樣傷害眼睛。一個人如果不能忘卻世俗社會中的善善惡惡，心裡總記掛著「我要做到善、善、善，我要排除惡、惡、惡」，那麼這個人同樣安不下心來，安不下心來，又如何能夠修習大道呢？

司馬承禎要求心中不放入任何世俗中的善惡之事，但也反對心中什麼都不想的「盲定」。正確的做法是「息亂而不滅照，守靜而不著空」，清除一切雜念而不停止對大道的思考，安守清靜的心態而不使大腦處於一片空白。實際上也就是說，要聚精會神，衹考慮修道事情。因此，當遇到與修道有關的事情和修道的疑難問題時，還是要思考，一旦思考清楚，就要把這些事情放在一邊，且不可去思考修道之外的事情。

第三，重視實行。

遠離世俗，拋卻名利，保持安定的心境。這些道理不難理解，但真正實行起來卻困難重重，因為富貴名利的誘惑力實在是太大了。《韓詩外傳》卷二記載這樣一個故事：

閔子騫始見夫子，有菜色，後有芻豢之色。子貢問曰：「子始有菜色，今有芻豢之色，何也？」閔子曰：「吾出蒹葭之中，入夫子之門。夫子內切瑳以孝，外為之陳王法，心竊樂之。出見羽蓋龍旗，旃裘相隨，心又樂之。二者相攻胸中而不能任，是以有菜色也。今被夫子之教寖深，又賴二三子切瑳而進之，內明於去就之義，出見羽蓋龍旗，旃裘相隨，視之如壇土矣，是以有芻豢之色。」

閔子騫剛剛跟隨孔子學習時，面黃肌瘦，原因就是他一方面喜歡孔子所講的學問，另一方面又豔羨世俗中的富貴榮華，內心充滿了矛盾，這一矛盾攪得他寢食不安，所以他一天天消瘦下去。後來經過不斷修養，終於能夠視榮華富貴為糞土，安下了心，於是身體也就一天天好了起來。

比起儒家的學儒，道教的修道更為艱苦，因此明白其中道理的人多，能夠身體力行的人少。司馬承禎對此頗有感慨，說：「夫法之妙者，其在能行，不在能言。行之則此言為當，不行則此言為妄。」奧妙的道理，祇有付諸實踐纔有意義，祇說不行，所說的話無疑於一派妄語。不僅是學道修仙，在世俗生活中，說得到而做不到的也大有人在，因此司馬承禎的重行思想也值得我們借鑒。

第四，提倡漸修。

漸修與頓悟是唐代禪宗的兩個命題。漸修，是指通過長期修行，逐漸悟得佛法，以便最後成佛。頓悟，是指一下子就明瞭佛法，立地成佛。當時禪宗分為南北兩派，南頓北漸，兩派之間發生過激烈的爭論。《坐忘論》中使用了不少佛教術語，說明司馬承禎曾受到佛教影響。在頓、漸的爭論中，他明顯是支持漸修主張，並把這一主張運用到了坐忘法的修煉之中。他批評那些反對漸修的人說：

> 徒見貝錦之輝煥，未曉始抽於素絲；纔聞鳴鶴之沖天，詎識先資於鷇食；蔽日之幹，起於毫末；神凝之聖，積習而成。

燦爛的錦繡是用一根根的絲線慢慢織成，一飛沖天的鳴鶴是靠一口口的食物慢慢養大，遮天蔽日的大樹是一天天的慢慢生長，而境界高尚的聖人也是靠不斷學習積累而慢慢修煉所成。因此，司馬承禎把修習坐忘法分為七個階段，循序漸進，以至於最終證道成仙。而證道成仙的那一刻也就類似於南宗說的頓悟，因此司馬承禎在強調漸修的同時，也並不否認頓悟。在本書的〈泰定〉篇中說：「漸之以日損有為，頓之以證歸不學。」通過漸修以達到頓悟。

有關漸修與頓悟的爭論很多，然而事實上，二者是種子與苗芽的關係，是量變與質變的關係，是同一個問題的兩個不同點。為了要說清楚這個問題，我們不妨先看看下面兩首詩詞：

蛾兒雪柳黃金縷，笑語盈盈暗香去。眾裏尋他千百度，驀然回首，那人卻在，燈火闌珊處。（辛棄疾〈青玉案・元夕〉下片）

盡日尋春不見春，芒鞋踏遍隴頭雲。歸來笑捻梅花嗅，春在枝頭已十分。（羅大經《鶴林玉露》卷六〈悟道詩〉）

第一首寫的是尋人，第二首寫的是尋花，但實際上都可以用來比喻悟道。「眾裏尋他千百度」和「芒鞋踏遍隴頭雲」是漸修，「驀然回首，那人卻在，燈火闌珊處」和「春在枝頭已十分」是頓悟。沒有前面「千百度」和「芒鞋踏遍」的艱苦漸修，就不可能有後面頓悟時的驚喜。

應該說，司馬承禎的漸修主張更符合實際情況，因而也就顯得更為切實可行。我們今天的道德修養和知識積累，有哪一樣不是循序漸進？有哪一樣是可以一蹴而就呢？

簡事四

【題解】簡事，選擇事務。簡，選擇。題目的意思是：修道人面對眾多事務時，應該有所選擇，去做那些應該做的事情，不去做那些不應該做的事情。

夫人之生也，必營❶於事物。事物稱萬，不獨委❷於一人。巢林一枝，鳥見遺於叢葦❸；飲河滿腹，獸不恡於洪波❹。外求❺諸物，內明諸己，知生之有分❻，不務分之所無；識事之有當❼，不任非當之事。事非當，則傷於智力；務過分，則敝於形神。身且不安，何能及道！是以修道之人，要須斷簡❽事物，知其閑要❾，較量輕重，識其去取，非要非重，皆應絕之。猶人食有酒肉，衣有羅綺❿，身有名位，財有金玉，此並情欲之餘好，非益生⓫之良藥，眾皆徇⓬之，自致亡敗。靜而思之，何迷之甚。故莊子云：「達生之情者⓭，不務生之所無以為⓮。」生之所無以為者，分之外物也。蔬食敝衣，足延性命，豈待酒食羅綺，然後為生⑮哉！是故於生無要用者，並須去之；於生雖用有餘者，亦須捨之。財有害氣⑯，積則傷人，雖少猶累，而況多乎！今以隨侯之珠，彈千仞之雀⑰，人猶笑之，況棄道德，忽性命，而從非要⑱以自促伐⑲者乎！夫以名位比於道德，則名位假而賤，道德真而貴。能知貴賤，應須去取，不以名害身，不以位易⑳道。故莊子云：「行名失己㉑，非士㉒也。」《西昇經》㉓云：「抱元守一㉔，至度㉕神仙。子㉖未能守，但坐榮官㉗。」若不簡擇，觸事皆為㉘，則身勞智昏，修道事闕㉙。若處事安閑，在物無累者，自屬證成㉚之人。若實未成而言無累者，誠㉛自誑耳。

【章旨】本章闡述了修習坐忘法的第四個階段，即做事時要有所選擇。本章認為，人生在世必須做事，但祇應該做有益於修道的事，至於像追名逐利這一類的事情，對於人的身心健康和修道成仙損害極大，因此千萬不可去做。

【注釋】❶營　經營；從事。❷委　放在。❸巢林一枝二句　飛鳥在樹林裡做巢祇需一根樹枝，其他如蘆葦叢一般茂密的林木都會被牠所拋棄。比喻人生在世所需不多，不可事事都要去做。巢，做巢。見，放在動詞前，表被動。叢葦，蘆葦叢。形容林木如蘆葦叢一樣茂密。❹飲河滿腹二句　走獸到黃河飲水也不過喝滿一肚，其他滔滔洪水都被牠毫不吝惜地捨棄了。河，水名。黃河。悋，同「吝」。吝惜。❺求　觀察。❻分　定分；分內的事情。❼當　適當。❽斷簡　判斷選擇。❾閑要　閑事和要事。閑，不重要的事情。❿羅綺　絲綢名。羅，輕軟有稀孔的絲織品。綺，有花紋的絲織品。⓫益生　有益於生命。⓬徇　追求。⓭達生之情者　明白生命真實意義的人。達，明白。情，真實情況；真實意義。⓮不務生之所無以為　不去從事對生命沒有作用的事情。務，追求；從事。無以，沒用。為，所作所為。⓯為生　養生。為，養護。⓰害氣　傷害元氣。⓱今以隨侯之珠二句　現在如果使用隨侯珠當彈丸去射擊高空中的飛雀。隨侯之珠，寶珠名。相傳隨侯（周代隨國君主）見一大蛇受傷，便敷藥救治，後大蛇從江中銜一大珠作為回報，世稱隨侯珠。彈，用彈丸射擊。千仞，很高的地方。指高空。仞，古代長度單位。七尺或八尺為一仞。⓲非要　不重要的事情。⓳自促伐　自己傷害自己的生命。促，短促；使生命短促。伐，砍伐；傷害。⓴易　交換。㉑行名失己　為了追求美名而失去自我。㉒士　有才能的人。㉓西昇經　書名。道教經典。㉔抱元守一　堅守大道。元，同「原」。本原。指大道。一，指獨一無二的大道。㉕度　度為；修煉成。㉖子　對男子的尊稱。這裡泛指談話對象。㉗但坐榮官　都祇因為追求美名高位。但，祇。坐，因為。榮，美名。㉘觸事皆為　遇到任何事情都去做。觸，遇到。㉙闕　損害。㉚證成　修道成功。㉛誠　確實；實際上。

【語譯】人生在世，必須要做一些事情。事情的種類有千千萬萬，不會讓某一個人獨自承擔。飛鳥在樹林裡做巢祇需一根樹枝，其他如蘆葦叢一般茂密的林木都被牠拋棄；走獸在黃河邊也不過祇能喝一肚子的水，其他滔滔洪水都被牠毫不吝惜地捨棄。對外要善於觀察萬物，對內要善於瞭解自我，知道人生都有各自的定分，就不會去追求分內所沒有的東西；知道有些事情是恰當的，就不會去從事不恰當的事情。從事不恰當的事情，就會傷害自己的智慧和精力；追求定分之外的東西，就會損害自己的形體和精神。自己的身體尚且不得安寧，又如何能夠得道呢！因此修道的人，重要的是能夠判斷事情，知道哪些事情是不必要的，哪些事情是重要的，比較它們的輕重緩急，明白不該做什麼和應該做什麼。凡是不重要的事情，都應該捨棄。比如人們的食物中有酒肉，衣服中有羅綺，自身有美名地位，財物中有金玉，而這一切都是人們情欲中的多餘愛好，並非養生的良藥，而眾人都去竭力追求這些東西，結果導致自身失敗滅亡。靜下心來仔細想想，這些人是多麼的糊塗啊！因此莊子說：「明白生命真正意義的人，不去從事對生命沒有作用的事情。」對生命沒有作用的事情，都屬於分外的事情。吃野菜，穿破衣，完全可以延續性命，又何必一定要依賴酒肉羅綺，然後纔算養生呢！因此對生命沒有必要作用的東西，都必須排除掉；對生命雖然有用但不屬於必須的東西，也應該捨棄。財物有害於人的元氣，積累財物就會傷害自身，即使少量的財物也會給人帶來拖累，更何況財物很多呢！如果用隨侯珠去射擊高空上的飛雀，人們尚且會嘲笑他，更何況拋棄了道德，忽略了生命，而去從事一些不重要的事情以損害自身呢！把美名地位同道德相比，那麼美名地位是虛假而低賤的，道德是真實而高貴的。知道了貴賤的區別，就應該有所取捨，不去為了追求美名而傷害自身健康，不去為了獵取高位而拋棄大道。因此莊子說：「為了美名而失去自我，這種人不是有才能的人。」《西昇經》說：「堅守住大道，就可以度為神仙。

而你未能堅守大道，就是因為追求美名和高官。」如果不進行選擇，無論遇到什麼事情都去做，就會使身體勞累而智力昏憒，修習大道的事就會受到損害。如果能夠做到身處事務之中而心情安閑自在，身處名利之中而不受拖累，這自然屬於修道成功的人。如果實際上沒有修道成功，卻宣稱自己不受外界任何事物的拖累和影響，這實際上不過是在自我欺騙而已。

【研　析】所謂的「簡事」，就是善於選擇有利於修道的事情去做。這是針對初修道者而言，而實際上，司馬承禎在本篇中已經涉及到了人們做事時的三個層次，或者說是做事時的三種思想境界。

第一個層次是指世俗人的「觸事皆為」。世俗之人，由於智慧淺薄，更由於名利之心的驅使，使他們一看到有利可圖的事情，便蜂湧而上，而不考慮這些事情會給自己帶來的潛在危險。歷史上不少著名的思想家和政治家，如商鞅、李斯、主父偃等等，都因為抵擋不住誘惑而汲汲於名利，踏入名利場後又不捨得及時抽身，功成之後也不願意身退，結果落了個身敗名裂的結局。這些人可謂人中之傑，人中之傑尚且如此，更何況芸芸眾生？

第二個層次是指初修道法的人，應該做到有所為而有所不為。決心修道的人，就應該徹底改變世俗人的做法，面對各種事情，要有所選擇，而選擇的標準就是看這些事情是否有利於自己的修道。司馬承禎認為，名位比不上大道，財富比不上生命，為了名位和財富而去傷害大道和生命，就好比用價值連城的寶珠去射獵高空中的飛雀一樣，是捨大取小，得不償失。世俗人所追求的榮華富貴，對修道不僅沒有什麼用處，反而會使修道者傷身勞神，心思無法集中，因此都在拋棄之列。

第三個層次是修道成功的人，他們在做任何事情時，內心都是安閑悠然。本篇在最後說：

若處事安閑，在物無累者，自屬證成之人。

修道成功的人，能夠做到身處事務之中而心情悠閑，身處名利之間而不受影響。這也就是《莊子・天下》中講的「內聖外王」。郭象在《莊子注》中對此有一個比較明確的解釋：

夫聖人雖在廟堂之上，然其心無異於山林之中，世豈識之哉！徒見其戴黃屋，佩玉璽，便謂足以纓紱其心矣；見其歷山川，同民事，便謂足以憔悴其神矣；豈知至至者不虧哉！

這種內聖外王之道，可以說是人生的最高境界。所謂的「內聖」，是指養神的藝術，不管這個人在世俗中正在做什麼，祇要能夠做到「內聖」，他就能夠在精神上超越世俗的一切，在精神上達到逍遙自由的出世目的；所謂的「外王」，是指政治領導藝術，雖然這個人主觀上無意於做事，但在必要時，他卻能夠把一切該做的事情都做得井井有條。達到這種思想境界的人，能在入世中求出世之樂。當然，司馬承禎知道要想達到這種境界，實在是不容易，所以他最後還告誡人們：「如實未成而言無累者，誠自誑耳。」希望修道者實事求是，不要自欺欺人。

以上所講的三種做事態度或境界，類似於今天哲學界所說的、事物發展的「否定之否定」三個階段。第三種境界的人在做事時，從表面看來，與第一種人似乎一樣，但他們的心態卻完全不同。一般人做事有強烈的名利目的，而得道之人做事衹是隨緣，表面忙忙碌碌，內心卻異常平靜。而且他們對外部事物持無可無不可的態度，該放手時就放手，因此不會遭遇世俗災難。

當然，「簡事」被放在修習坐忘法的第四階段，是針對初學者而言，因此司馬承禎在本篇中著重強調的還是第二個層次，要求學道的人要分清事情的輕重緩急，有所為，有所不為。衹有如此，纔能學道成功，進入更高的層次。

真觀五

【題解】真觀，即觀察真理。有敬信、斷緣、收心、簡事作鋪墊，自然會認識到真理。具體講，就是能夠認識到什麼是禍福吉凶，並採取相應的措施，以保命全生，不給自己留下拖累，以便進一步修道成仙。

夫真觀者，智士之先鑒❶，能人之善察，究儻來❷之禍福，詳動靜之吉凶，得見機前❸，因之造適❹，深祈衛足❺，功務全生❻，自始之末，行無遺累。理不違此，故謂之真觀。然則一餐一寢，俱為損益之源❼；一言一行，堪❽成禍福之本。雖則巧持其末❾，不如拙戒其本❿。觀本知末，又非躁競之情⓫。是故收心簡事，日損有為⓬，體靜心閑，方能觀見真理。故經云：「常無欲，以觀其妙⓭。」然於修道之身，必資⓮衣食，事有不可廢，物有不可棄者，當須虛襟⓯而受之，明目而當之⓰，勿以為妨[17]，心生煩躁。若見事為事而煩躁者，心病已動[18]，何名安心？夫人事衣食者，我之船舫[19]，我欲渡海[20]，事資船舫，渡海若訖[21]，理自不留[22]，何因未渡先欲廢船？衣食虛幻，實不足營，為欲出離虛幻[23]，故求衣食。雖有營求之事，莫生得失之心，則有事無事，心常安泰[24]。與物[25]同求而不同貪，與物同得而不同積。不貪故無憂，不積故無失。跡每同人[26]，心常異俗，此實行之宗要[27]，可力為之。

前雖斷簡，病有難除者，且依法觀之。若色病重者[28]，當觀染色[29]，都由想耳[30]。想若不生，終無色事。若知色想外空[31]，色心內妄[32]，妄心空想，誰為色主[33]？經云：「色者，全是想耳。想悉[34]是空，何有色耶？」又思祅妍[35]美色，甚於狐魅[36]。狐魅惑人，令人厭患[37]，身雖致死，不入惡道[38]，為厭患故，永離邪淫[39]。祅豔惑人，令人愛著[40]，乃至身死，留戀彌[41]深，為邪念故，死墮地獄，永失人道[42]，福路長乖[43]。故經云：「今世發心為夫妻[44]，死後不得俱生人道。」所以者何？為邪念故。又觀色若定是美[45]，何故魚見深入[46]？鳥見高飛？仙人以為穢濁[47]，賢士喻之刀斧[48]。一生之命，七日不食，便至於死；百年無色[49]，飜[50]免夭傷。故知色者，非身心之切要，適[51]為性命之讎賊，何乃繫戀，自取銷毀？若見他人為惡，心生嫌惡者，猶如見人自殺己身，引項承取他刃[52]，以自害命。他自為惡，不遣代當[53]，何故引取他惡，以為己病？又見為惡者若可嫌，見為善者亦須惡。夫何故？同障道故[54]。

若苦貧者，則審[55]觀之，誰與我貧。天地平等，覆載[56]無私，我今貧苦，非天地也；父母生子，欲令富貴，我今貧賤，非由父母；人及鬼神，自救無暇，何能有力將貧與我？進退尋察[57]，無所從來[58]，乃知我業也[59]，乃知天命也。業由我造，命由天賦，業命之有，猶影響之逐形聲[60]，既不可逃，又不可怨。唯有智者，因而善之[61]。樂天知命，不覺貧之可苦。故莊子云：「業入而不可舍[62]，為自業故。貧病來入，不可舍止。」經云：「天地不能改其操，陰陽[63]不能迴[64]其業。」由此言之，故知真命非假物也，有何怨焉？又如勇士逢賊，無所畏懼，揮劍當前[65]，群寇皆潰，功勳一立，榮祿終身。今有貧病惱害我者，則寇賊也；我有正心，則勇士也；用智觀察，則揮劍也；惱累消除，則戰勝也；湛然[66]常樂，則榮祿也。凡有苦事來迫，我心不作此觀[67]而生憂惱者，如人逢賊，不立功勳，棄甲背軍[68]以受逃亡之罪，去樂就[69]苦，何可愍[70]焉？

若病者，當觀此病由有我身，我若無身，患無所託。故經云：「及吾無身，吾有何患[71]？」次觀於心，亦無真宰[72]，內外求覓[73]，無能受者[74]。所有計念，從妄心[75]生，若枯體灰心，則萬病俱泯[76]。若惡死者，應念我身是神之舍[77]，身今老病，氣力衰微，如屋朽壞，不堪[78]居止，自須捨離，別處求安。身死神逝，亦復如是[79]。若戀生惡死，拒違變化[80]，則神識錯亂，自失正業，以此託生受氣之際[81]，不感清秀[82]，多逢濁辱[83]，蓋下愚貪鄙[84]，實此之由。是故當生[85]不悅，順死無惡者，一為生死理齊[86]，二為後身成業[87]。若貪愛萬境[88]，一愛一病[89]。一肢有疾，猶令舉體[90]不安，而況一心萬疾，身欲長生，豈可得乎？凡有愛惡，皆是妄生，積妄不除，何以見道？是故心捨諸欲，住無所有，除情正信[91]，然後返觀[92]，舊所凝愛，自生厭薄[93]。若以合境之心[94]觀境，終身不覺有惡；如將離境之心[95]觀境，方能了見[96]是非。譬如醒人，能知醉者為惡，如其自醉，不覺他非。故經云：「吾本棄俗，厭離人間。」又云：「耳目聲色，為予留愆[97]。鼻口所喜，香味是怨[98]。」老君厭世棄俗，猶見香味為怨[99]。嗜欲之流，焉知鮑肆[100]為臭哉？

【章　旨】本章闡述了修習坐忘法的第五個階段，即認識真理、懂得禍福起因的階段。本章認為必需的衣食還是可以營求的，但不能產生貪戀之心，至於像女色等，則要堅決戒除。本章還主張樂天知命，安守貧賤，不貪生惡死，不產生妄心，以平靜的心態去觀察事物，明瞭是非。

【注　釋】❶先鑒　先見之明。鑒，鑒識；見識。❷儻來　意想不到而發生的。❸得見機前　在事情的苗頭出現之前就能有所預見。機，事情的苗頭。❹造適　到；去。這裡引申為做某件事，採取某種措施。❺深祈衛足　深切希望能保護自身。祈，希望。衛足，保護自身。《左傳》成公十七年記載，齊國大夫鮑莊子因言語不慎，被齊君砍去雙腳，孔子批評鮑莊子說：「鮑莊子的智慧比不上向日葵，向日葵還能夠保護自己的腳。」向日葵的花葉向著太陽轉動，以遮蔽它的根部。後人即用「衛足」代指保護自身。❻功務全生　務求保全生命的效果。功，效果。❼損益之源　受損或受益的根源。❽堪　能夠。❾巧持其末在細微末節上做得很好。❿拙戒其本　笨拙地在根本大事上提高警惕。⓫又非躁競之情　又不是那些浮躁不安、具有爭名奪利情欲的人所能做到的。競，爭奪名利。⓬日損有為　一天天減少多為之事。損，減少。⓭常無欲二句　經常處於清靜無欲的狀態，以觀察大道的微妙之處。這兩句出自《老子》。⓮資依靠。⓯虛襟　敞開胸懷。⓰當之　面對它們。⓱妨　妨礙修道。⓲動　產生。⓳舫　船。⓴渡海　比喻修道學仙。㉑渡海若訖　渡過大海以後。比喻修道成仙以後。訖，結束。㉒不留　指不留船舫。比喻成仙後不再需要衣食。㉓虛幻　幻境。指虛幻不實的世俗世界。㉔安泰　安寧。㉕物　主要指人。㉖跡每同人　行為經常與世俗人一樣。每，經常。㉗宗要　關鍵。宗，主；主要。㉘若色病重者　如果物質欲望太強烈。色，本為佛教用語。泛指有形有象的物質事物。㉙當觀染色　應該明白受外物影響的原因。觀，觀察；明白。染，受影響。㉚都由想耳　都是由於欲望、思想引起的。㉛色想外空　心中所記掛的外部名利等都是虛假的。空，空無；虛假。㉜色心內妄　內心貪戀名利是荒謬的念頭。妄，荒謬。㉝色主　做物質利益的主人。即據物質利益為己有。㉞悉　全部。㉟祅妍　美麗嫵媚。祅，通「妖」。嫵媚。妍，美麗。㊱狐魅　狐狸精。魅，精怪。㊲厭患　厭惡恐懼。患，擔心；害怕。㊳惡道　佛教術語。又稱惡趣。指地獄、餓鬼、畜生三道。㊴邪淫　不正當的男女關係。㊵愛著　愛戀不捨。㊶彌　更加。㊷人道　佛教術語。六道之一。指來世託生為人。㊸乖　背離；失去。㊹今世發心為夫妻　今生如果一見美女就想與她結為夫妻。發心，起心；起意。㊺定是美　確定她是美麗的。是，代詞。代指美女。㊻深入　逃入深深的水中。㊼穢濁　骯髒不堪。㊽喻之刀斧　把美女比作砍伐生命之樹的刀斧。男子好色傷身，故有此喻。㊾無色　不近女色。㊿飜　同「翻」。反而。(51)適　剛好；恰恰。(52)引項承取他刃　伸長脖子去接受他人手中落下的刀刃。比喻用別人的錯誤來懲罰自己。引，伸長。項，脖子。(53)不遣代當　莫讓自己代替他受罰。(54)同障道故　都是妨礙自己修道的原因。道教認為，見人為惡則怒，見人為善則喜，喜怒無常，心難平靜，都不利於修道。(55)審　仔細。(56)覆載　指上天覆蓋萬物，大地承載萬物。(57)進退尋察　反覆思考。進退，反覆。尋察，尋思。(58)無所從來　不是從他們那裡而來。指自己的貧苦原因不是出自天地、父母和鬼神。(59)乃知我業也　這纔明白貧苦的原因出自我們自己所造的業。(60)猶影響之逐形聲　就好像影子追隨形體、回響緊跟聲音一樣。響，回聲。(61)善之　妥善地對待貧苦命運。(62)業入而不可舍　前業形成後就無法排除。舍，通「捨」。捨棄。(63)陰陽　造化。古人認為萬物由陰陽二氣形成，因此常用陰陽代指造化。(64)迴　挽回；改變。(65)當前　向前衝。(66)湛然　快樂的樣子。(67)作此觀　從這個角度去看待。此，指戰勝煩惱，湛然常樂。(68)背軍　脫離軍隊。(69)就　接近。(70)愍　同情。(71)及吾無身二句　到了我沒有身體的時候，我又有什麼災禍呢？這兩句出自《老子》。(72)亦無真宰　內心虛靜，故無主人。真宰，真正的主人。(73)覓　尋找。(74)無能受者　沒有任何地方可以接受外界的影響。修道成仙後，外則無身，內則無心，故無處接受外界影響。(75)妄心　荒謬之心。(76)泯　泯滅；消失。(77)神之舍　精神的房舍。(78)不堪　不能。(79)如是　就好像人離開破敗的房屋另遷新居一樣。(80)拒違變化　拒絕變化。變化，指人體死後，靈魂託生為另一個人。(81)以此託生受氣之際　在靈魂接受陰陽二氣、託生為他人的時候。受氣，接受陰陽二氣以形成新的肉體。(82)不感清秀　無法接受到清秀之氣。感，感受；接受。清秀，清秀之氣。古人認為，氣有清濁之分，在人受氣成胎時，如果遇上清氣，將來就會德高才俊；如果遇上濁氣，將來就會愚笨齷齪。(83)濁辱　即渾濁之氣。(84)貪鄙　貪婪卑鄙。(85)當生　在生存之時。(86)生死理齊　生和死是一樣的道理。當人死亡時，就意味著他以另一種方式在另一個地方出生；反過來看，當一個人出生時，就意味著另一個人或事物的死亡。從這個角度講，生和死一樣。(87)為後身成業　為下一生形成一個善業。不討厭死亡，面對死亡心平氣和就可接受到清秀之氣，這就是下一生的善業。(88)萬

境　各種各樣的外部事物。❽⁹一愛一病　多一分貪愛，就多一分毛病。❾⁰舉體　全身。舉，整個。❾¹除情正信　清除世俗之情，堅持正確信仰。❾²返觀　回頭觀察。❾³薄　輕視。❾⁴合境之心　貪戀世俗生活之心。合，貪戀。境，世俗生活環境。❾⁵離境之心　脫離世俗生活之心。❾⁶了見　看清楚。了，明白。❾⁷愆　錯誤；過失。❾⁸鼻口所喜二句　因為人的口鼻喜歡美食香味，所以抱怨美食香味妨礙了自己修道。香味是怨，即「怨香味」。❾⁹老君厭世棄俗二句　老子厭惡世俗社會，看到美食香味尚且發出怨言。老君，即老子。《老子》說：「五色令人目盲，五音令人耳聾，五味令人口爽。」所以說老子「見香味為怨」。⑩⁰嗜欲之流二句　比喻欲望深重的人，不會感到追逐名利是件可厭的事情。鮑肆，賣鮑魚的商店。鮑，鹽漬魚。借以形容味道腥臭。肆，商店。

【語　譯】所謂的「真觀」，就是智士的先見之明，能人的善於觀察，知道突然發生的禍福，明白行為帶來的吉凶，能夠在事情苗頭出現之前就有所預見，並為之採取相應的防範措施，以求保護好自我，取得保全生命的良好效果，自始至終，一言一行都不會為自己帶來遺患。按照道理行事而不違背以上原則，就可稱之為「真觀」。

然而一頓飯一夜覺，都能夠成為受損或受益的根源；一句話一個動作，都可能成為禍福的起因。即使在細微末節上做得很好，也不如笨拙地在本源問題上提高警惕。通過觀察本源問題以知道事情的未來發展情況，又不是那些心情浮躁、爭名奪利的人所能做到的。因此要善於收斂心思、選擇事務，一天天減少自己的忙碌程度，做到身體安靜心情閑適，這樣纔能觀察到真理。因此道經上說：「經常處於清靜無欲的狀態，以觀察微妙的大道。」然而修道者的身體，還必須依賴衣食，因此對那些不可不做的事情，不可不要的事物，應該敞開胸懷接受它們，擦亮眼睛去面對它們，不要認為這些事物妨礙了自己修道，從而心生煩躁。如果一見這些事情、一做這些事情就煩躁不已，表示他已患上了心病，這如何能叫做安心呢？各種人事活動和衣食，就好比我們的舟船，我們要想渡過大海，就必須依靠這些舟船，如果已經渡過大海，按道理自然不須再留下這些舟船，可又有什麼理由在還沒有渡過大海之前就廢棄這些舟船呢？衣食這些東西是虛幻的，確實不值得追求，但為了脫離虛幻的世俗社會，還要去追求衣食。修道人雖然去做一些追求衣食的事情，然而心中卻不會患得患失，無論有事還是沒事，心中永遠安靜泰然。修道人與世人一樣追求衣食但不與他們一樣貪婪，與世人一樣獲取衣食但不與他們一樣積累財富。不貪婪因而就不會有憂愁，不積累財物因而就不會有損失。修道人的行為經常與世人一樣，而心境卻永遠與世人不同，這是修道人行為中的主要原則，可以努力地去遵循這一原則。

前面雖然講了要善於選擇事務去做，但有些修道者的貪婪毛病難以根除，這時就要依據道法去觀察萬物。如果是物質欲望特別深重的人，就應該明白自己之所以會受物質利益的影響，都是由於自己的思想造成的。有關這方面的思想如果不產生，最終也不會發生追逐物質利益的事情。要明白自己所掛念的外部物質利益都是虛假的，而記掛這些物質利益的內心念頭都是錯誤的，如果知道了這些念頭是錯誤的，所記掛的物質利益是虛假的，那麼誰還會去獵取物質利益呢？道經上說：「所謂的物質利益，全是自己的思想造成的。連這些思想都是虛假的，又哪裡有什麼物質利益呢？」還要明白那些美麗嫵媚的美女，比狐狸精怪更加害人。狐狸精怪誘惑人們，會使人們感到厭惡恐懼，人們一直到死，也不會因為願意與狐狸精怪交歡而墜入惡道，因為厭惡恐懼的原因，人們永遠不會同狐狸精怪發生邪淫關係。然而漂亮嫵媚的美女誘惑人們時，卻使人們愛戀不捨，甚至到了死亡之時，這種愛戀還會變得更加深沉，因為邪念的緣故，這種人死後就會墜入地獄，永遠失去再次託生為人的機會，永遠無法走上幸福之路。因此道經上說：「如果今生一見美女就產生要與她結為夫妻的邪念，死後就不可能再託生為人。」這是為什麼呢？就是因為他心懷邪念。再說看到美女時，如果就能確定她是美麗的話，那麼為什麼魚見到她就會嚇得逃入深深的水中？鳥見到她就會嚇得逃上高高的天空？神仙認為美女骯髒不堪，賢人把美女比作砍伐生命之樹的刀斧。人的一生，如果七天不喫飯，就會被餓死；一百年不近女色，反而會使人不夭折不受傷害。由此可以知道女色這種事情，不僅不是養生修心的必要之事，恰恰還是傷害生命的仇敵，為什麼還要去愛戀她們以自取滅亡呢？如果一看見別人做這方面的壞事，而你的心中就產生厭惡之情，這就好比別人用刀砍殺自己，而你卻伸長脖子去承受他手中的刀刃一樣，將會因此而傷害自己的生命。別人做了壞事，你不應該讓自己代他受罰，你為什麼拿別人的錯誤，而讓自己產生心病呢？再說，如果見了做壞事的人會感到厭惡，那麼見了做好事的人也應該感到厭惡。為什麼呢？因為善惡放在心中都會影響修道。

如果是為了貧窮而痛苦，就應該仔細想一想，究竟是誰使我貧窮。天地是公平的，上天覆蓋著萬物，大地承載著萬物，它們都毫不偏私，我如今貧苦，不是因為天地；父母生養子女，都希望子女富貴，我如今貧賤，不是因為父母；別人和鬼神，都自顧不暇，哪裡還有能力使我貧窮呢？反覆思考，我的貧窮都不是從他們那裡而來，於是就明白這一切都是由自我的業所決定，是由天命所決定。業是我自己所造成，命運是由神祕的天所賦予，業和命運的存在，就好像影子追隨形體、回響追隨聲音那樣，我們既無法逃避，也不可抱怨。祇有那些有智慧的人，纔能順應這一切和善待這一切。做到了樂天知命，就不會感覺到貧窮帶來的痛苦。因此莊子說：「業一旦形成就無法排除，因為業是自己造成的。貧窮和疾病一旦出現，也是無法排除和阻止的。」道經上說：「天地無法改變一個人的品行操守，造化無法改變一個人所造下的業。」根據以上所說，我們知道命運是真實的存在，並非虛假的東西，我們又抱怨什麼呢？比如勇士遇上了敵人，就會毫不畏懼，揮動著刀劍向前衝去，眾多的敵人都潰散逃亡，勇士的功勳一旦建立，終身都可享有官位俸祿。如今給我帶來煩惱痛苦的貧窮和疾病，就是敵人；我所具有的正確思想，就是一位勇士；使用智慧觀察貧病的起因，就是揮動刀劍奮力衝鋒；煩惱被消除乾淨，就是戰勝敵人；永遠享受到的快樂，就是官位和俸祿。凡是遇到痛苦事情時，我們的思想不從這一角度去思考，從而生出許多煩惱，這就好比遇上了敵人，自己不去建功立業，反而丟棄戰衣脫離軍隊，犯下了逃亡之罪，這種人逃避快樂自找痛苦，又怎麼值得同情呢？

如果有了疾病，就應該明白這些病痛的產生是由於我有這個肉體，我如果沒有這個肉體，各種禍患就沒有寄託之處。因此道經上說：「等到我沒有身體時，我有什麼災禍呢？」其次還要明白讓自己的心中，不要存在一個主人——主觀成見，從內心一直尋找到身外，都不會存在可以接受禍患的地方。所有的思想念頭，都由一顆錯誤的心產生，如果做到了身如枯木而心如死灰，那麼各種疾病都會消失。如果討厭死亡，就應該想到我的肉體不過是我的靈魂的房舍而已，如今肉體已經衰老多病，氣力也逐漸衰減，如果房屋破敗朽壞，無法繼續居住，自然應該捨棄，到別處另求安身之處。肉體死亡而靈魂遠逝，也如同這個道理一樣。如果貪戀生命厭惡死亡，拒絕生死變化，那麼思想認識就會發生錯亂，自然就不能做好修道的正事，因此在接受陰陽二氣託生的時候，就不能接受到清秀之氣，接受到的大多都是一些渾濁之氣，世上那些最愚蠢、最貪婪卑鄙的人，大概都是由於這個原因形成的。因此我們應該做到生存在世時不感到喜悅，死亡到來時順從它而不感到厭惡，一是因為生與死本來就是一樣的道理，二是要為下一生造成善業。如果貪戀各種各樣的事物，多一分貪戀就會多一分毛病。一個肢體有了疾病，尚且會使全身不得安寧，而何況一顆心生出千萬種毛病，自身還想長生不死，怎麼可能呢？所有貪愛、厭惡的念頭，其產生都是錯誤的，積累這些錯誤而不加以改正，又如何能夠明白大道？因此要捨棄心中的各種欲望，處於虛靜的狀態之中，除去所有情欲，樹立正確信仰，然後再回頭觀察，對於從前自己所癡迷貪戀的東西，自然會產生厭惡輕視之情。如果以一種貪戀世俗生活的心態去看待世俗生活，終生也不會對世俗生活產生厭惡之感；如果能夠以超越世俗生活的心態去觀察世俗生活，纔能夠明白其中的是是非非。這就好比衹有清醒的人，纔能知道醉酒人的種種錯誤舉動，如果自己也喝醉了，就無法感覺到其他醉酒人的錯誤。因此道經上說：「我本來就厭惡世俗，要離開人間。」道經上還說：「耳目喜歡聲色，將會為我帶來許多災難。口鼻喜歡美食香味，所以抱怨美食香味妨礙了自己修道。」老子厭惡並拋棄了世俗，看到了美食香味尚且還發出抱怨之言。那些情欲深重的人，又哪裡能感覺到追名逐利是件令人厭惡的事情呢？

【研析】所謂「真觀」，就是善於體悟真理，對個人行為可能帶來的禍福安危有先見之明，從而採取相應的措施加以防範。本篇認為，一餐一寢，一言一行，都可能成為禍福的源頭，不可不謹慎對待。當然，把精力放在細微末節上，不如從根本大事上入手。具體地說，本篇主要告誡修道者應如何正確對待財富、貧窮和生死這些大問題。

司馬承禎認為，衣食之類的財物，實在不值得營求，但修道者在成仙之前，還離不開衣食，就好比在渡過大海之前，還離不開舟船一樣。因此，修道人在修道期間，還要為衣食著想，還要為衣食奔波。但修道者在為衣食奔波時，一定要把握好兩個原則：一是「事有不可廢，物有不可棄者，當須虛襟而受之」，要帶著一顆平靜的心態去做事，不要因為這些事情屬於俗事而心生煩惱。二是「與物同求而不同貪，與物同得而不同積」，修道者做事祇是為了維持溫飽，既不貪婪，更不積財。司馬承禎告訴修道者，萬一有了貪心，就應該多想想萬物皆空的道理。他特別強調貪戀女色對修道者的妨礙，要求修道者把女色視為汙穢之物，是砍伐生命之樹的刀斧。既然女色是「性命之讎賊」，又為什麼要去貪戀呢？

既然不貪戀榮華富貴，就應該正確對待自己所遭遇到的貧窮。司馬承禎告訴修道者，每當自己為貧賤而苦惱時，就要明白，自己之所以遭遇貧賤，既不是公正無私的天地所造成，也不是對自己愛護備至的父母所造成，更不是那些自顧不暇的別人和鬼神所造成。原因在哪裡呢？一是由於自己從前所造的「業」，二是由於命運。「業」是自己所造成，而命運是由上天所賦予。要想改變這一切，確非人力所及。明白了這一道理，修道者就不會滿腹怨氣，就會心平氣和。如果做到了心平氣和，也就是建立「善業」的開始，極有利於自己的修道成仙。司馬承禎認為，勇士們在戰場上英勇殺敵，一旦建立功勳，終身享受富貴。對於修道者來說，貧賤好比敵人；能夠正確對待貧賤的人就好比勇士；用智慧觀察貧賤的原由，就好比揮劍殺敵；一旦消除貧賤給自己帶來的煩惱，就好比勇士戰勝敵人建立功勳，從此就會「樂天知命」，愉悅終身，得道成仙。如果修道者面對貧賤，總是怨天尤人，無法擺脫煩惱，這樣的人就無可救藥了，也不值得同情，更談不上得道成仙了。

生死是大事，修道者還要通過生死關。司馬承禎繼承前人的看法，認為人的形體好比房屋，精神好比房屋的主人，當人的肉體逐漸衰老時，就好比房屋年久失修、將要朽壞一樣，此時作為主人的精神就應該考慮調換一個地方居住。也就是說，人的精神不死。既然如此，人就不必害怕死亡。司馬承禎還特別強調，如果一個人在死亡之時恐懼不安，就無法在託生時接受到天地間的清秀之氣，如果接受的都是汙濁之氣，此人的下一生就會變得智力低下，品質惡劣。因此，在生死關頭，如果能夠做到心平氣和，不僅是生死之理本當如此體現，而且也能夠為下一生造成一個「善業」。司馬承禎這樣講，主要是為了消除修道者對死亡的恐懼，能有一個更平靜的心態去專心修道。因為修道者沒有成仙時，同常人一樣，無法擺脫生死的威脅。修道者一旦達到最高境界，得道成仙，不僅精神不死，而且肉體也能長生，甚至是神通廣大，變化無常。

本篇的主旨依然是勸告修道者要通過名利關、情欲關和生死關，這也就是司馬承禎所要求觀察的真理。當然，這個真理是道教的真理，而不是世俗人的真理。比如對待名利，全真道士姬志真在〈名利詩〉中寫道：「僕馬車舟歷險艱，區區名利兩相關。細思本來圖安穩，卻使身心不暫閑。」追求名利將給人帶來無窮無盡的麻煩。而漢代大臣主父偃卻說：「且丈夫生不五鼎食，死即五鼎烹耳。」(《史記・平津侯主父列傳》)為了名利，他不惜自己的生命。再比如，包括司馬承禎在內的許多道士都要求修道者斷絕男女之情，而一大批世俗文人卻謳歌讚美男女之情，馮夢龍甚至還要創立一家「情教」。至於能夠看破生死的世俗人，更是寥若晨星。

道教人士與世俗人士的觀念差別之所以有如此之大，按照司馬承禎的說法，就是由於「醉」、「醒」不同所造成的結果。世俗人糊糊塗塗，整日在追求物質享受，結果利令智昏，黑白不分，是非顛倒，錯把毒酒當甘泉。他們就好像一群酒醉之人，根本無法明白自己的錯誤。而祇有修道之人，纔是清醒之人，因此也祇有修道之人，纔能知道世俗人的行為是多麼的荒唐可笑，纔能走上一條正確的人生之路。

泰定六

【題解】泰定，安詳而心靜。泰，安寧。作者解釋說，所謂的泰定，就是清除了一切俗念，身如枯木，心如死灰，勿須有意去追求靜心，而心無時無刻不處於靜寂的狀態。作者認為，做到了泰定，也就等於做好了得道的準備。

夫定者，盡俗之極地❶，致道之初基❷，習靜之成功，持安之畢事❸。形如槁❹木，心若死灰，無感❺無求，寂泊❻之至，無心於定，而無所不定，故曰泰定。莊子云：「宇泰定者，發乎天光❼。」宇則心也，天光則慧也。心為道之器宇❽，虛靜至極，則道居而慧生。慧出本性，非適❾今有，故曰天光。但❿以貪愛濁亂，遂至昏迷。澡雪柔挺⓫，復歸純靜本真，神識稍稍自明，非謂今時別生他慧。慧既生已，寶而懷之⓬，勿謂⓭多知以傷於定。非生慧之難，慧而不用為難。自古忘形者眾，忘名者寡。慧而不用，是忘名者也，天下希及之⑭，是故為難。

貴能不驕，富能不奢，為無俗過⑮，故得長守富貴。定而不動，慧而不用，德而不恃⑯，為無道過⑰，故得深證常道⑱。故莊子云：「知道易，勿言難。知而不言，所以之天⑲；知而言之，所以之人⑳。古之人，天而不人。」慧能知道，非得道也㉑。人知得慧之利，未知得道之益。因慧以明至理，從辯以感物情㉒，與心徇事㉓，觸類而長㉔，自云處動而心常寂，焉知寂者寂以待物乎㉕？此行此言，俱非泰定。智雖出眾，彌㉖不近道，本期逐鹿，獲兔而歸。所得蓋微㉗，良由局小㉘。故莊子云：「古之修道者，以恬㉙養智。智生而無以知為也㉚，謂之以智養恬。智與恬交相養，而和理出其性㉛。」恬智則定慧也㉜，和理則道德也。有智不用，以安其恬㉝，養而久之，自成道德。然論此定，因為而得成㉞，或因觀利而見害㉟，懼禍而息心㊱；或因損捨滌除㊲，積習心熟㊳。同歸於定，咸若自然㊴。疾雷破山㊵而不驚，白刃㊶交前而無懼，視名利如過隙[42]，知生死若潰癰[43]。故知用志不分，乃凝神[44]也。心之虛妙，不可思也。夫心之為物，即體非有[45]，隨用非無[46]，不馳而速[47]，不召而至，怒則玄石飲羽[48]，怨則朱夏殞霜[49]，縱惡則九幽匪遙[50]，積善則三清[51]何遠，忽[52]來忽往，動寂不能名[53]，時可時否[54]，蓍龜莫能測[55]。其為調御[56]，豈鹿馬比其難乎[57]？

太上老君[58]運常善以救人[59]，昇靈臺而演妙[60]；略二乘之因果[61]，廣萬有之自然[62]；漸之以日損有為[63]，頓之以證歸不學[64]；喻則張弓鑿戶[65]，法則挫銳解紛[66]；修之有塗[67]，習以成性[68]；黜聰隳體[69]，嗒焉坐忘[70]；不動於寂[71]，幾微入照[72]；履殊方者了義無日[73]，由斯道[74]者觀妙可期[75]，力少功多，要矣妙矣！

【章旨】本章闡述了修習坐忘法的第六個階段，即進入極為虛靜的精神境界。本章認為心境虛靜就能產生智慧，反過來再用智慧去護養這種虛靜的心境，久而久之，就自然而然地得道了。

【注釋】❶盡俗之極地　清除一切俗念的最高境界。盡，全部清除。地，境界。❷致道之初基　得道的初步基礎。致，招致；得到。❸持安之畢事　保持心境安靜的事情已經完成。畢，完成。❹槁　枯乾。❺無感　不為外界名利所動。感，動。❻寂泊　安靜淡泊。泊，淡泊；不貪圖名利。❼宇泰定者二句　心境安詳虛靜的人，就能發出自然的光芒。宇，器宇；風度。這裡指心境。天，自然。❽器宇　器具。❾適　到；至。❿但　祇。⓫澡雪柔挺　清掃和修煉。澡，洗。雪，洗刷。柔挺，修煉。《荀子・勸學》：「木直中繩，輮以為輪，其曲中規，雖有槁暴不復挺者，輮使之然也。」用輮木為輪、不再挺直比喻學習及學習效果。這裡借用為修道。柔，通「輮」。「煣」的假借字，以火屈木使彎曲。⓬寶而懷之　珍惜它，堅守著它。寶，看重。懷，藏於胸中而不喪失。⓭勿謂　不要。⓮希及之　很少能做到這一點。希，通「稀」。很少。⓯俗過　世俗的過錯。⓰不恃　不依仗；不自以為具有。⓱道過　修道方面的過錯。⓲深證常道　深刻地領悟永恆的大道。證，證得；領悟。常，永恆。⓳所以之天　是歸向自然的途徑。所以，……的方法途徑。之，到；歸向。天，自然。⓴之人　走向世人。㉑慧能知道二句　智慧能使人明白大道，但還不能算是真正的得道。意思是說，僅僅懂得大道而不能遵循大道做事，這還不能算是得道。㉒從辯以感物情　盡力辯論以說服人心。從，通「縱」。盡情；盡力。感，感動；說服。物，主要指人。㉓興心徇事　心中產生念頭，想追求事業成功。興，產生。徇，通「殉」，為……而獻身。㉔觸類而長　接觸各類事情，並使事情越來越多。長，增長；增多。㉕焉知寂者寂以待物乎　哪裡知道那些心境虛靜的人是以清靜無為的態度去對待世間萬物呢？焉，怎麼；哪裡。㉖彌　更加。㉗蓋微　大概很少。微，小；少。㉘良由局小　確實是由於胸懷狹小。良，確實。局小，局促狹小。㉙恬　恬淡的心境。㉚智生而無以知為也　智慧產生了但不要用它去瞭解世俗之事以求有所作為。㉛和理出其性　中和之理就會從他的天性中顯現出來。和理，中和之理。即道和德。㉜恬智則定慧也　莊子說的恬淡和才智就是本文說的靜心和智慧。定，定心；靜心。㉝安其恬　使恬淡的心境繼續安靜。安，使……安靜。㉞因為而得成　因為有所行動纔得以形成。為，作為；行動。㉟或因覩利而見害　有的人是因為觀察名利而看到了隱藏在名利背後的害處。或，有的人。㊱息心　消除追名逐利之心。息，停止；消除。㊲損捨滌除　減少事務，清除雜念。損，放棄。滌，清洗。㊳積習心熟　不斷修煉使心境平靜下來。熟，馴服；平靜而不躁動。㊴咸若自然　都好像出於自然一樣。咸，都。㊵疾雷破山　迅速不及掩耳的驚雷劈開大山。疾，迅速。㊶白刃　明晃晃的刀劍。㊷過隙　過眼雲煙。莊子曾形容人生短暫，如白駒過隙。這裡用「過隙」形容名利轉眼即逝。㊸知生死若潰癰　把死亡看作是如同毒瘡破而流膿一樣的痛快事。生死，主要指死亡。這裡的「生」無義。潰，破而流膿。癰，毒瘡。這一思想出自《莊子・大宗師》：「(得道之人)以死為決疣潰癰。」㊹凝神　聚精會神。㊺即體非有　想觸摸它的形體，而它根本就不存在。即，接近。引申為觸摸。這是對精神的描寫，精神不是一種物質，故無形體。㊻隨用非無　它隨時都在發揮著作用，因而又不能說它是虛無。㊼不馳而速　不用奔馳而快迅無比。㊽怒則玄石飲羽　一旦發怒，箭就會深深地射入黑色的石頭，連箭尾的羽毛都隱沒不見。玄，黑中帶紅。泛指黑色。羽，指箭尾的羽毛。《呂氏春秋・精通》記載：神箭手養由基射猛獸時，誤中石頭，整支箭連同箭尾的羽毛一起射進了石頭之中。㊾怨則朱夏殞霜　心懷怨恨，能使炎熱的夏天落下寒霜。朱夏，夏天。古人稱夏天為「朱明」，意為「氣赤而光明」。所以夏天又被叫作「朱夏」。殞，落。據《初學記》引《淮南子》說：戰國時，鄒衍事燕惠王，被人陷害下獄。鄒衍在獄中仰天而哭，時正炎夏，天忽然降霜。㊿縱惡則九幽匪遙　任意作惡就會走向地獄。九幽，地下極深處。這裡指地獄。匪，通「非」。不。(51)三清　指玉清、太清、上清，是神仙居住的仙境。(52)忽　快速。(53)名　形容；描述。(54)時可時否　有時認可，有時否定。(55)蓍龜莫能測　即使用占卜的方法也無法推測出對方的想法。蓍，草名。古人常用蓍草作占卜工具。龜，指占卜用的龜甲。(56)調御　調教；馴服。(57)豈鹿馬比其難乎　馴服鹿馬的困難怎麼比得上馴服人心呢？意為馴服人心最為困難。(58)太上老君　即老子。(59)運常善以救人　運用永恆的善良以拯救人們。常，永恆。(60)昇靈臺而演妙登上說法臺以演說微妙的大道。靈臺，本為周代高臺名。這裡指說法臺。[61]略二乘之因果　沒有談論佛教的因果報應。略，略去；不談論。二乘，指佛教的大乘、小乘。這裡代指佛教。[62]廣萬有之自然　廣泛闡述萬物都應回歸自然的道理。萬有，萬物。[63]漸之以日損有為　讓人們一天天地逐漸減少追名逐利的行為。漸，慢慢地進步。損，減少。有為，多為。指忙於世務。[64]頓之以證歸不學　一下子就進入得道成仙、不須再學習的最高境界。頓，頓悟；突然悟道。上句中的「漸」指漸修，類似今人講的量變；本句的「頓」指頓悟，類似今人講的質變。證歸，修習成功歸依大道。不學，佛教術語。又叫「無學」。指不須再學習的境界。[65]喻則張弓鑿戶　他用安裝弓絃、開鑿門窗作比喻去說明道理。張弓，安裝弓絃。《老子》七十七章說：「天之道，其猶張弓乎？高者抑之，下者舉之；有餘者損之，不足者補之。」意思是：上天的原則大概很像安裝弓絃吧？高的一端就壓低一點，低的一端就擡高一點；長的一端就剪短一些，短的一端就補長一些。老子的這個比喻是說明做事要公平。鑿戶，開鑿門窗。《老子》十一章說：「鑿戶牖以為室，當其無，有室之用。」意思是：開鑿門窗修建房屋，正是因為有了房屋中的空間，纔有了房屋的作用。這個比喻是在強調虛無的作用。[66]法則挫銳解紛　原則是挫去人們的鋒芒，從而調解他們之間的紛爭。法，法則；原則。銳，鋒芒。《老子》五十六章說：「挫其銳，解其紛。」[67]塗　途徑；方法。[68]習以成性　通過修習，把以上原則化入自己的本性之中。類似今人講的習慣成自然。[69]黜聰隳體　不要耳目視聽，忘卻自身存在。黜，除去。聰，耳朵聽得清。這裡泛指耳目視聽。隳，毀棄。引申為忘卻。[70]嗒焉坐忘　遺忘了天地間的一切。嗒焉，忘記一切的樣子。[71]不動於寂　心處於寂靜狀態一動不動。[72]幾微入照　心能認識微妙的大道。幾，微妙。入，進入心中。照，思考；認識。[73]履殊方者了義無日　從事其他學業的人永遠無法瞭解大道的含義。履，踏上。引申為從事、修習。殊，不同的；其他的。方，術；學問。[74]斯道　這條途徑。指靜心。斯，這。道，途徑；方法。[75]可期　可以期盼；可以做到。

【語　譯】所謂的「泰定」，就是清除一切俗念的最高境界，是獲得大道的初步基礎，是修習靜心的成功標誌，是保持安心之事的完成。做到泰定的人形體猶如枯乾的木頭，心思如同燃盡的灰燼，不被外界名利所動，也沒有任何追求，寂靜淡泊到了極點，勿須有意去追求靜心，而心無時無刻不處於靜寂的狀態，因此我們就把這種狀態叫作「泰定」。莊子說：「心境安詳虛靜的人，就能發出自然的光芒。」莊子說的「心境」就是我們說的內心，莊子說的「自然的光芒」就是我們說的智慧。心是接受大道的器具，當內心虛靜到了極點的時候，大道就會入居心中而智慧就會產生。智慧本來就隱藏於人的天性之中，並非到了現在纔有，所以把它叫作「自然的光芒」。祇因為人們貪戀齷齪混亂的世俗生活，纔導致思想昏憒迷亂。通過不斷地清除俗念和反復修煉，將會慢慢恢復純潔虛靜的本來天性，而神奇的智慧也就慢慢地自然顯露出來，並非是今天又另外生出一種其他智慧。智慧產生以後，要珍惜它護養它，不要過多去追求世俗知識以損害了安定的心境。產生智慧並不困難，困難的是有了智慧而不去使用它。自古以來能忘卻形體的人很多，而能夠忘卻名聲的人卻很少。有了智慧而不去使用它，這纔是能夠忘卻名聲的人，天下很少有人能夠做到這一點，因此說這是一件難事。

地位高貴而能夠做到不傲慢，財富眾多而能夠做到不奢侈，這可以說是沒有犯世俗生活方面的錯誤，因而能夠永保富貴。心境安定而不為名利所動，有了智慧而不去使用，有了高尚的品德而不去炫燿它依仗它，這可以說是沒有犯修道方面的錯誤，因此能夠深刻地領悟永恆的大道。所以莊子說：「懂得大道容易，不去談論大道就很困難。懂得大道而不談論大道，這是歸依自然的途徑；懂得大道而去談論大道，這是走向世人的途徑。古代的聖人，歸依自然而不走向世人。」智慧能夠使人懂得大道，但這還不能算是真正的得道。人們衹知道獲得智慧的好處，還不知道獲得大道的益處。依靠智慧以明白最高真理，然後竭盡全力與人辯論以說服人心，這樣就會使心中產生許多想法而追求建功立業，接觸到各類事情後就會使要做的事情越來越多，他們自稱自己是處於忙碌之中而心境永遠平靜，又哪裡知道心境真正平靜的人是以清靜無為的態度去對待萬事萬物呢？他們的這些行為和言論，都不屬於真正的安詳虛靜。他們的智慧雖然超過眾人，但他們距離大道更加遙遠，他們本來是想獵取一頭鹿，結果衹捉到一隻小兔而歸。他們的收穫之所以很少，確實是因為他們的胸懷太狹小。因此莊子說：「古代那些修道的人，用恬淡的心境來培養自己的才智。才智產生以後不要用它去瞭解世俗以求有所作為，這叫作用才智去培養恬淡的心境。才智和恬淡的心境相互養護，而中和之理就自然而然從天性中顯露出來。」莊子講的恬淡心境和才智就是我們講的心境安定和智慧，莊子講的中和之理就是我們講的道和德。有才智而不使用，以便保持心境的恬淡，養護得久了，自然就能修成大道。然而仔細想想這一安定的心境，是因為有所行動纔得以形成，有的人是通過觀察名利而看到了隱藏在名利背後的害處，因為害怕災禍而消除自己追名逐利之心；有的人是通過放棄俗務清除雜念，不斷修習積累纔使心情安靜下來。這些人最終都歸於安定平靜，而且都顯得那樣自然。不及掩耳的迅雷劈開大山也不會使他們感到喫驚，明晃晃的刀劍交錯於面前也不會使他們感到恐懼，他們視名利如過眼雲煙，知道死亡是一件如同毒瘡潰破流膿的痛快事。因此他們懂得祇要思慮不分散，就能達到精神高度凝聚的狀態。精神的玄虛微妙之處，實在是不可思議。精神作為一種事物，想觸摸它而它又不存在，然而它隨時都在發揮著作用，因而又不能說它不存在，它不用奔馳而又快速無比，不用召喚而忽然自至，它一旦發怒就會使箭連同其尾部的羽毛都一起射入黑色的石頭，它一旦怨恨就會使炎熱的夏天降下寒霜，它縱情作惡就會使人走向地獄，它不斷行善就會使人昇入天堂，它快速地來來往往，或動或靜都無法加以形容，它對事物有時認可有時否定，即使用占卜的方法也無法預測它的想法。要想對它進行調教馴服，要比調教馴服野鹿悍馬更為困難。

太上老君運用永恆的善良去拯救世人，他登上說法臺演說微妙的大道；他沒有論說佛教的因果報應，而是廣泛地闡述了萬物應歸依自然的道理；他要求人們一天天地逐漸減少追名逐利的行為，然後引導人們一下子就進入得道成仙、勿須再修習的最高境界；他使用安裝弓絃、開鑿門窗等比喻以說明道理，堅持挫去人們的鋒芒、調解人們的紛爭這一處世原則；他為人們指出了修道的途徑，要求人們通過修習把以上原則融入自己的本性之中；他主張排除視聽忘卻自身存在，以達到遺忘一切的境界；他告訴人們祇要心能處於虛寂的狀態一動不動，就能夠認識微妙的大道；他還告誡人們如果修習其他學業就永遠無法瞭解大道的含義，祇有通過修煉靜心的途徑纔能掌握微妙的真理，這樣做用力少效果好，實在是一種重要而奇妙的方法啊！

【研 析】「泰定」就是從心理上完全擺脫了世俗的牽絆，達到了心情安靜的極致。我們在〈導讀〉中已經談到，本篇的內容與〈收心〉篇基本相同，但〈收心〉篇講的是一種要求，是一個修道的過程，而本篇講的是收心過程的實現和完成，是一種心境平靜的狀態，所以司馬承禎在篇中解釋說，「泰定」就是「習靜之成功，持安之畢事」。

和〈收心〉相比，本篇也提出了一些新的問題。其中最主要的是「智與恬交相養」。我們在〈收心〉的「研析」中已經談到了靜能生慧的問題。司馬承禎認為，人祇要能夠安下心來，就可以獲得智慧。然而獲得智慧之後的人，就會有兩種截然不同的表現：一種人獲得智慧以後，不去把這種智慧運用於世俗事務中，而是用這種智慧繼續去保護已經取得的安寧心境，使這種安寧的心境不斷提昇，以達到最後成仙的目的。還有一種人在獲得智慧以後，便迫不及待地去炫耀、使用自己的智慧，爭論是非，好為人師，結果是「興心徇事，觸類而長」，陷於世俗事務之中而不能自拔。關於後一種人，我們可以嵇康為例。嵇康天資過人，長大後又酷愛《老》、《莊》，還研究、實踐道教的養生方術，可以說是道門中人，然而他卻不能正確地對待自己的智慧。《世說新語・棲逸》引《文士傳》記載，他曾拜訪道士孫登，而孫登很少與他交談。臨別時，二人有這樣一段對話：

將別，謂曰：「先生竟無言乎？」登乃曰：「子識火乎？生而有光而不用其光，果然在於用光；人生有才而不用其才，果然在於用才。故用光在乎得薪，所以保其曜；用才在乎識物，所以全其年。今子才多識寡，難乎免於今之世矣。子無多求！」

孫登的意思是說，火生來就有光，但火不去使用自己的光，所以它纔能保有自己的光亮；人生來就有才，但不要去使用自己的才，這樣纔能保全自己的生命；而嵇康才多識寡，不懂韜光養晦，因此他在世俗社會裡難免遇到災難。事實也正是如此，嵇康雖然才氣過人，但他沒有聽從孫登的勸告，到處使用自己的才氣，抨擊世俗，責罵權貴，結果棄世東市。他在臨死前寫的〈幽憤詩〉中說：「昔慚柳惠，今愧孫登。」但悔之晚矣！所以司馬承禎感歎說：「非生慧之難，慧而不用為難。」獲得智慧並不難，難的是有了智慧而不去炫耀、使用自己的智慧。

「有智不用，以安其恬」的人，也就是人們常說的深藏若虛、大智若愚的人，這種人是真正能夠學道成功的人。有了一點智慧就迫不及待去使用智慧的人，實際上是在玩弄自己的智慧，也就是人們常說的「耍小聰明」，而耍小聰明的人實際上是愚蠢的人，這種人如不及時改正，永無修道成功的一天。

本篇的最後，還描述了心（精神）的不可思議的神妙作用，再次告誡人們，修道能否成功，完全取決於自己的心。換句話說，也就是一念之差。祇要有了一顆虔誠向道的虛靜之心，就能得道成仙，永生不死了。

得道七

【題解】得道，獲得大道。獲得大道，也就意味著長生成仙，因此得道是修習坐忘法的最高階段，也是道教追求的最終目的。

夫道者，神異之物，靈而有性❶，虛而無象❷，隨迎不測❸，影響莫求❹，不知所以然而然，通生無匱❺，謂之道。至聖❻得之於古，妙法傳之於今。循名究理❼，全然有實❽。上士純信❾，克己❿勤行，虛心谷神⓫，唯⓬道來集。

道有深力⓭，徐易形神⓮。形隨道通，與神合一，謂之神人。神性虛融⓯，體無變滅⓰，形與道同，故無生死。隱則形同於神⓱，顯則神同於形⓲，所以蹈水火而無害，對日月而無影⓳，存亡在己⓴，出入無間㉑。身為滓質㉒，猶至虛妙，況其靈智益深益遠乎㉓！《生神經》㉔云：「身神並一，則為真身㉕。」又《西昇經》㉖云：「形神合同，故能長久。」然虛無之道㉗，力有淺深，深則兼被於形㉘，淺則唯及於心。被形者，神人也；及心者，但得慧覺，而身不免謝㉙。何耶？慧是心用，用多則心勞，初得少慧，悅而多辯，神氣漏洩㉚，無靈潤身㉛，遂致早終。道故難備㉜，經云「尸解」㉝，此之謂㉞也。是故大人含光藏輝㉟，以期全備。凝神寶氣㊱，學道無心，神與道合，謂之得道。經云：「同於道者，道亦得之㊲。」又云：「古之所以貴此道者何？不曰求以得，有罪以免邪㊳？」山有玉，草木以之不彫；人懷道，形骸以之永固。資薰㊴日久，變質㊵同神，鍊形入微㊶，與道冥一。散一身為萬法㊷，混萬法為一身。智照無邊㊸，形超靡極㊹。總色空而為用㊺，含造化㊻以成功。真應無方㊼，其惟道德。《西昇經》云：「與天同心而無知㊽，與道同身而無體㊾，然後天道㊿盛矣。」謂證得其極(51)者也。又云：「神不出身(52)，與道同久。」且身與道同，則無時而不存；心與道同，則無法而不通(53)；耳與道同，則無聲而不聞；眼與道同，則無色而不見。六根洞達[54]，良[55]由於此。近代常流[56]，識不及遠[57]，唯聞捨形之道[58]，未達即身之妙[59]，無慙己短[60]，有効人非[61]，其猶夏蟲[62]不信冰霜，醯雞斷無天地[63]，其愚不可及，何可誨[64]焉？

【章　旨】本章闡述了修習坐忘法的第七個階段，也即最高階段——得道成仙。本章認為得道成仙的人就能長生不死，而且神通廣大。得道成仙是道教信徒追求的最終目的。

【注　釋】❶靈而有性　神奇而有特點。靈，神奇。性，個性；特點。❷無象　沒有形象。❸隨迎不測　無論是跟在它的後面，還是站在它的前面，都無法看清楚它。迎，站在它的前面。測，看清。大道是沒有形體的抽象物，所以無論從哪個角度都無法看清楚它。❹影響莫求　看不到它的身影，聽不到它的聲響。求，尋求。引申為看、聽。❺通生無匱　能產生萬物而自身從不匱乏。通，普遍。匱，匱乏。❻至聖　指至聖之人。❼循名究理　按照「大道」這一名稱去研究「大道」的內涵。理，道理。引申為內涵，與「名」相對。❽全然有實　它完全是真實存在。全然，完全。❾上士純信　智慧最高的人完全信仰大道。上士，上等士人；智慧最高的人。純，完全。❿克己　約束自己。⓫谷神　與「虛心」同義。精神虛靜。谷，虛。⓬唯　句首語氣詞。表示希望。⓭深力　鉅大的力量。⓮徐易形神　能夠慢慢改變人的形體和精神。徐，慢慢地。易，改變。⓯虛融　虛靜和暢。融，和暢。⓰變滅　變化和死亡。⓱隱則形同於神　想隱身不見時，就把自己的身體變得如同精神那樣無形無象。這是對得道成仙後的描寫，仙人能夠化有形為無形，隱身不見。⑱顯則神同於形　想顯身時還可以使自己的精神變化出另外的形體。⑲無影　沒有身影。古人認為神鬼在陽光下沒有身影。⑳存亡在己　想顯身想隱身任己所欲。存，顯身。亡，隱身。㉑出入無間　往來自由，沒有任何東西能夠阻攔。間，隔開；阻攔。㉒滓質　汙濁的物質。滓，汙濁。㉓況其靈智益深益遠乎　更何況越修煉越高妙的精神呢！靈智，精神。益，更加。深，深奧。遠，高妙。㉔生神經　書名。道教經典。㉕真身　法身；修道成功之身。㉖西昇經　書名。道教經典。㉗虛無之道　即無形無象的大道。這裡指修習大道。㉘深則兼被於形　道力深厚的人能夠使形體連同精神一起長生。兼，兼顧形體與精神二者。被，加於……之上。㉙謝　凋謝；死亡。㉚神氣漏洩　精神和精氣被洩漏。㉛無靈潤身　沒有靈氣去養護肉體。靈，靈氣。指通過修道而得到的一種能夠使人長生不死的神祕之氣。潤，滋潤；養護。㉜備　兼備。指兼顧形神，使二者都能長存。㉝尸解　修道者死後留下屍體，而靈魂昇天成仙，被稱為「尸解」。尸，通「屍」。屍體。㉞此之謂　即「謂此」。說的就是這種情況。此，指道力淺者祇能使靈魂成仙，而不能使肉體一起成仙。㉟含光藏輝　深藏才智而不使用。光、輝，比喻才智。㊱凝神寶氣　凝聚精神，愛惜精氣。寶，珍惜。㊲同於道者二句　願意同道在一起的人，道也願意同他在一起。這兩句出於《老子》。㊳不曰求以得二句　不就是因為得道後有求必得、有罪而免嗎？曰，說；是。這段引文出自《老子》。㊴資薰　護養薰陶。㊵變質　改變形體。質，物質；形體。㊶鍊形入微　把形體修煉得神奇微妙。㊷散一身為萬法　把自己的身體分散開去形成千萬種事物。萬法，佛教術語。指所有的事物和道理。㊸智照無邊　智慧可以明瞭無限的事物。照，照見；明白。㊹形超靡極　形體活動自由，沒有任何限制。超，跳躍；活動。靡極，無限。靡，沒有。極，邊際。㊺總色空而為用　所有的有形事物或無形事物都能為自己所用。色，指有形事物。空，空無。引申為無形事物。㊻含造化　胸懷造化之力。㊼真應無方　成仙後應對萬物的能力無窮無盡。真，修成真人；成仙。無方，無窮。㊽與天同心而無知　思想與大自然融為一體就不會有個人成見。天，自然。知，知見；個人成見。㊾

與道同身而無體　身體與大道融而為一就不會再有自己的形體。[50]天道　即大道。[51]極　極點；最高境界。[52]神不出身　精神不離開形體。道教認為精神與形體互不分離就能健康長壽，否則就會生病、死亡。[53]無法而不通　沒有任何事物而不明白。法，事物和道理。通，通達；明白。[54]六根洞達　眼、耳、鼻、舌、身、意通徹明達。六根，佛教術語。指眼、耳、鼻、舌、身、意。眼為視根，耳為聽根，鼻為嗅根，舌為味根，身為觸根，意為念慮根。[55]良　確實。[56]常流　一般民眾。[57]識不及遠　見識短淺。[58]唯聞捨形之道　衹聽說過要捨棄肉體的道理。本句是針對佛教而言。佛教鄙視肉體，視肉體為臭皮囊，故稱之為「捨形之道」。[59]未達及身之妙　還不懂得讓自己肉體成仙的微妙之處。達，明白。即身，自身。[60]無慙己短　這些人不知為自己的短處深感羞愧。[61]有効人非　還去傚仿別人的錯誤。有，通「猶」。尚且；還。効，通「傚」。傚仿。非，錯誤。[62]夏蟲　生活於夏天的昆蟲。[63]醯雞斷無天地　醯雞斷言沒有天地。醯雞，小蟲名。又叫蠛蠓。一種生活於醋罎酒缸裡的小飛蟲。醋罎酒缸經常被蓋著，因此醯雞不知道天地的存在。[64]誨　教誨。

【語　譯】大道，是一種神異之物，它神奇而有特點，玄虛而無形象，無論是跟在後面還是站在前邊都無法把它看清，既看不到它的身影，也聽不到它的聲響，更不知道它為什麼會是如今這個樣子，它產生天地萬物而從不會匱乏，人們把它叫作「道」。至聖之人遠在古代的時候就已經掌握了它，它的奇妙法則一直流傳到今天。按照它的名字去研究它的內涵，知道它是完全真實的存在物。智慧最高的人完全信仰大道，他們約束自我，辛勤地遵循大道行事；他們保持心境的虛靜，希望能夠早日獲得大道。

道具有鉅大的力量，能夠逐漸改變人的形體和精神。形體能夠與大道相隨相通，能夠與精神緊密結合而不分離，這樣的人可以叫作「神人」。他們的精神虛靜和暢，形體不會衰老死亡，因為他們的形體與大道融而為一，所以不再有生有死。他們想隱身不見時，就讓形體變得如同精神那樣無形無象；想顯身時，還可以讓精神變化出另外的形體，因此他們能夠進入水火而不受傷害，站在日月下面而沒有身影，顯身隱身任己所為，來來往往暢通無阻。肉體是一種汙濁的物質形體，尚且能夠修煉到玄虛微妙的境界，更何況越修煉越高妙的精神呢！《生神經》說：「能夠使形體和精神融而為一，就是修道成功之身。」另外《西昇經》還說：「形體與精神密切結合而不分離，因此就能長生。」然而在修煉玄虛的大道時，修道者所獲得的道力有淺有深，道力深厚的人能夠使自己的形體一起長生，而道力淺的人就祇能使自己的精神不死。能夠使形體一起長生的人，就是神人；祇能使精神不死的人，祇是獲得了智慧和覺悟，而形體還難免一死。為什麼呢？具有智慧是心的一種作用，如果用心過多，就會使心感到疲勞，剛獲得一點智慧，就興奮異常四處論說，結果使精神和精氣洩漏，沒有靈氣去養護肉體，於是就導致了過早去世。能夠使精神和肉體一起長生的道力確實很難修成，道經上說的「尸解」，指的就是這種情況。因此那些思想境界高的人深藏才智而不使用，目的就是要修成能使精神和肉體一起長生的道力。他們凝聚精神，珍惜精力，修習大道使心境虛靜，最終讓自己的精神與大道融為一體，這就叫作得道。道經上說：「願意同大道在一起的人，大道也願意同他在一起。」道經上還說：「自古以來人們為什麼看重大道呢？不就是因為大道能夠使人有求必得、有罪而免嗎？」山有寶玉，山上的草木就會因此而不凋落；人有大道，形體就會因此而永遠健康。用大道修煉薰陶的時日久了，就會把物質性的肉體修煉得如同玄虛的精神一樣，把肉體修煉到如此微妙境界，就可以與大道融為一體了。他們可以把自己的身體分散開去形成千萬種事物，也可以把千萬種事物混合在一起形成自己的身體。他們的智慧可以明瞭無限的事物，他們的形體活動自由而不受任何限制。他們能夠綜合一切有形事物和無形事物而為自己所用，胸懷造化之力而使事事成功。修道成仙後就具備了應對萬物的無限能力，這就是道和德的作用。《西昇經》說：「思想能夠與大自然一致就不再會有個人成見，身體能夠與大道融為一體就不再有個人形體，然後就能具備盛美的大道。」這段話說的是達到最高境界的人。《西昇經》還說：「精神不離開形體，就能與大道一同永世長存。」

身體與大道保持一致，就能長生不死；思想與大道保持一致，就能通曉一切事物；耳朵與大道保持一致，就能聽到一切聲響；眼睛與大道保持一致，就能看到一切色彩。眼、耳、鼻、舌、身、意六根明徹通達，原因確實就在於能夠與大道保持一致。近來的一般民眾，見識短淺，衹知道應該捨棄肉體的道理，而不懂得自身成仙的微妙，他們不知為自己的短處而慚愧，反而還去效法別人的錯誤，就好像夏蟲不信有冰霜，醯雞斷言沒有天地一樣，真是愚昧至極，又如何能教誨他們呢？

【研　析】「得道」就是獲取大道、長生成仙的意思。「得道」是修習坐忘法的最後一個階段，也是道教追求的最高目標。但司馬承禎還認為，由於修道者所得到的道力有多有少，有深有淺，所以他們所得到的神仙品位也有高低的不同。為了能更容易理解本篇，我們有必要說明一下有關神仙的品位問題。

晉代葛洪的《抱朴子・內篇・論仙》引《仙經》說：「上士舉形昇虛，謂之天仙；中士遊於名山，謂之地仙；下士先死後蛻化，謂之尸解仙。」依照這種說法，神仙可分三種，即天仙、地仙和尸解仙。道經《太真科》則把神仙分為九品：上仙、高仙、大仙、神仙、玄仙、真仙、天仙、靈仙、至仙。司馬承禎寫有一本《天隱子》，他在其中的〈神解〉篇中則把神仙分為五類：

在人謂之仙，在天曰天仙，在地曰地仙，在水曰水仙，能通變謂之神仙。故神仙之道有五，其漸學之門則一焉。

司馬承禎把修道成仙者分為五類，根據他們生活地點的不同，分為居住在人間的（人）仙、居住在天堂的天仙、居住在洞天福地的地仙、居住在江河湖海的水仙，能夠在以上各處自由往來的則稱為神仙。這五類神仙的等級雖然不同，卻都是依靠慢慢修煉、不斷積累（漸學）而成功。這一觀點與《坐忘論》一致。

本篇中，司馬承禎則把修道成仙的人大致分為兩類，一類是可以肉體成仙之人，一類是尸解之人。

能夠肉體成仙的人，他們的身心與大道融為一體，不僅精神不死，而且肉體也能長生。這些人也就是《仙經》中說的能夠「舉形昇虛，謂之天仙」的「上士」。他們成仙後，隱現自如，變化無常，能夠「散一身為萬法，混萬法為一身。智照無邊，形超靡極」，可以說是神通廣大了。

而道力淺的人，祇能保證自己的精神不死，肉體則同普通人一樣朽敗死亡，這就是道教所說的「尸解」。「尸解」就是指修道者臨終時，留下遺體，精神成仙。按照道教的說法，「尸解」也分很多種類，如死於水者稱為「水解」，死於火者稱為「火解」，死於兵刃者稱為「兵解」。我們在上一篇的「研析」中提到了嵇康，他信仰道教，修習養生術，但因不滿當政者，被司馬昭所殺。後來的人們便認為嵇康雖然肉體被殺死，但精神卻成了仙（見顧愷之〈嵇康贊序〉）。嵇康這種被殺後而精神成仙的現象，就叫做「兵解」，統稱為「尸解」。

在司馬承禎看來，能夠肉體成仙的人屬於上等仙人，最為可貴；而祇能精神不死的人，則稍遜一籌了。由於肉體成仙的事情很難驗證，因而也很難取得世人的相信，到了後來，特別是全真道出現以後，大多數道士放棄了肉體成仙的追求，而一心修煉內丹，追求精神不死了。

樞翼

【題解】樞翼，重要的輔助部分。樞，重要部分。翼，輔助。本篇內容不屬於修習坐忘法的七個階段，而是對整個修習過程的總結，類似於現代論文的結語部分。因本篇不屬於修習坐忘法的主幹文字，因此稱「翼」；但作者認為本篇具有重要意義，因此加一「樞」字。通過本篇，基本上可以把握整個《坐忘論》的主旨。

夫欲修道成真❶，先去邪僻之行，外事都絕❷，無以干心❸，然後端坐，內觀正覺❹，覺一念起❺，即須除滅，隨起隨制，務令安靜。其次，雖非的有貪著❻，浮遊❼亂想，亦盡滅除。晝夜勤行，須臾不替❽。唯滅動心❾不滅照心❿，但冥⓫虛心不冥有心⓬，不依一物而心常住⓭。此法玄妙，利益甚深，自非夙有道緣⓮，信心無二者，莫能信重。

雖知誦讀其文⓯，仍須辨識真偽。所以者何？聲色昏心⓰，邪佞惑耳，人我成性⓱，自是病深⓲，心與道隔⓳，理難曉悟。若有心歸至道，深生信慕，先受三戒，依戒修行，在終如始[20]，乃得真道。其三戒者，一曰簡緣[21]，二曰無欲，三曰靜心。勤行此三戒而無懈退者，則無心求道而道自來。經云：「人能虛心無為，非欲於道，道自歸之。」由此言之，簡要之法[22]，實可信哉！實可貴哉！然則凡心躁競[23]，其來固久[24]，依戒息心，其事甚難。或[25]息之而不得，暫得[26]而還失，去留交戰[27]，百體流汗[28]，久久柔挺[29]，方乃調熟。莫以暫收不得[30]，遂廢平生之業[31]。少得靜已[32]，則行立坐臥之時，涉事喧鬧之處[33]，皆須作意[34]安之。有事無事，常若無心；處靜處喧，其志唯一。若束心[35]太急，急則成病，氣發狂癡[36]，是其候[37]也。心若不動，又須放任，寬急得中，常自調適。制而無著[38]，放而不逸[39]，處喧無惡[40]，涉事無惱者，此真定也。不以涉事無惱故求多事，不以處喧無動故來就喧[41]，以無事為真定，以有事為應迹[42]，若水鏡之為鑒[43]，則遇物而見形。善巧方便[44]，唯能入定發慧，遲速則不由人。勿於定中急急求慧，求慧則傷定[45]，傷定則無慧。定不求慧而慧自生，此真慧也。慧而不用，實智若愚，益資定慧[46]，雙美無極[47]。若定中念想則有多感[48]，眾邪百魅[49]，隨心應現，真人老君，神異詭怪，是其祥也[50]。唯定心之上，豁然無覆[51]，定心之下，曠然無基[52]，舊業永消，新業不造，無所纏礙[53]，迥脫塵網[54]，行而久之，自然得道。

夫得道之人，心有五時[55]，身有七候[56]。心有五時者，一動多靜少；二動靜相半；三靜多動少；四無事則靜，事觸還動[57]；五心與道合，觸而不動[58]。心至此地，始得安樂，罪垢[59]滅盡，無復煩惱。

身有七候者，一舉動順時[60]，容色和悅；二夙疾普消[61]，身心輕爽；三填補夭傷[62]，還元復命[63]；四延[64]數千歲，名曰仙人；五鍊形為氣[65]，名曰真人；六鍊氣成神，名曰神人；七鍊神合道，名曰至人。其於鑒力[66]，隨候益明[67]，得至道成，慧乃圓備[68]。

雖久學定心，身無五時、七候者，促齡穢質[69]，色謝歸空[70]，自云慧覺，復稱成道，求諸通理[71]，實所未然[72]，可謂謬[73]矣！

【章　旨】本章是《坐忘論》的結束語。本章對修習坐忘法的要點作了總結和回顧，提出了「五時」「七候」，描述了修道人在不同階段的不同感受和表現。

【注　釋】❶成真　成為真人、神仙。真，真人；神仙，神仙。❷外事都絕　修道之外的事情全部放棄。❸無以干心　不要讓這些事情擾亂自己的心境。干，侵擾；擾，擾亂。❹內觀正覺　在內心觀察思考大徹大悟的境界。正覺，佛教術語。指大徹大悟的境界。❺覺一念起　發現一絲俗念產生。❻的有貪著　確實有貪戀名利之心。的，確實。貪著，貪戀。❼浮遊　到處遊蕩。指心思不能集中在修道之事上。❽須臾不替　片刻也不停止。須臾，片刻。替，廢除；停止。❾動心　為名利所動之心。❿照心　思考大道之心。照，思考。⓫但冥　祇深入思考。但，祇。冥，深思。⓬有心　有俗念之心。⓭常住　永遠安定。住，安定。⓮夙有道緣　平夙就有修道的緣分。⓯其文　道教經文。其，代指道教或修道。⓰昏心　使思想昏憒。⓱人我成性　人人對此都已經是習慣成自然了。人我，人與我。實際指人人。成性，成為習慣。⓲自是病深　這些毛病自然是非常嚴重。⓳隔　隔離；疏遠。⓴在終如始　始終如一。㉑簡緣　逐漸減少與世俗的緣分。簡，簡略；減少。緣，與世俗的緣分。㉒簡要之法　這一簡要的修道方法。㉓凡心躁競　世俗之心浮躁不安，爭名奪利。凡心，世俗人之心。㉔其來固久　這種現象存在得確實太久了。其，指「凡心躁競」這一現象。來，產生；出現。固，確實。㉕或　有時。㉖得　能夠。指能夠靜心。㉗去留交戰　平靜的心境時去時留，矛盾十分激烈。交戰，比喻心中的矛盾衝突。㉘百體流汗　全身流汗。描述心理矛盾激烈，使人緊張、羞愧、不安，以至於汗流浹背。百體，身體的各個部位。㉙柔挺　修煉。㉚暫收不得　一時不能靜下心來。收，收心；靜心。㉛平生之業　終生的修道之事。㉜少得靜已　稍稍能夠做到靜心之後。少，通「稍」。稍微。已，之後。㉝涉事喧闠之處　在熱鬧異常的地方做事。涉事，做事。闠，市場外門。代指熱鬧之處。㉞作意　有意。㉟束心　約束思想。㊱氣發狂癡　精氣洩漏以形成顛狂癡呆之病。狂，瘋；顛狂。(37)候　證候；症狀。(38)制而無著　有所制約但不固執。著，執著；固執。(39)放而不逸　放鬆但不放縱。逸，放縱。(40)處喧無惡　身處喧鬧之處而內心不對此產生厭惡之感。(41)就喧　接近喧鬧之處。就，接近。(42)應迹　回應事物。迹，事跡；事情。(43)若水鏡之為鑒　就好像靜水和鏡子照人一樣。鑒，照。這句是說修道之人對待外部事物的態度，應該像鏡子照物一樣，事物出現了鏡子就被動地照一照，事物離去後，鏡子復歸於虛靜。(44)善巧方便　巧妙權變的方法。方便，指因材施教，用各種權變的方法引導人們修道。(45)傷定　損害安定的心境。(46)益資定慧　更加有助於心境的安定和智慧的產生。益，更加。資，有助於。(47)雙美無極　具有無限的雙重美德。雙美，指定、慧兩種美德。(48)多感　多受影響。感，感應；影響。(49)魅　精怪。(50)真人老君三句　如果靜心時看到了神仙真人、太上老君，或者其他各種神奇怪異的事物，都是這一毛病產生的徵兆。詭，怪異。祥，徵兆。作者認為靜心之時，不應出現幻視幻聽，一旦出現，說明還沒做到靜心，因此無論在幻覺中看到的是好是壞，都是不正常的現象。(51)唯定心之上二句　在安定的心境之上，豁然開朗，沒有任何覆蓋物。豁然，開朗的樣子。(52)定心之下二句　在安定的心境之下，一片空曠，也不需要任何事物作為它的基礎。曠然，空曠的樣子。以上數句描寫安定的心境獨立獨在，一無依傍，一旦有所依賴，就不是真正的安定之心。(53)纏礙　糾纏阻礙。(54)迴脫塵網　脫離塵世這張大網。迴，迴避；避開。(55)時　時段；階段。(56)身有七候　行為上有七個階段的不同表現。身，身體；行為。候，表現。(57)事觸還動　事情發生了，其心會有所波動。觸，接觸；到來。(58)觸而不動　事情發生了也不會動心。(59)罪垢　各種罪過和錯誤。(60)順時　順應時機、環境。(61)夙疾普消　舊有的疾病全部消失。夙，過去。普，全部。(62)填補夭傷　補養身體，避免夭折和損傷。(63)還元復命　恢復了元氣和生機。(64)延　延續；生存。(65)鍊形為氣　把自己的肉體修煉成氣。氣，指構成天地萬物的細微物質。(66)鑒力　觀察力；智力。鑒，照；觀察。(67)隨候益明　隨著七個階段的不斷提昇，智慧也變得越來越高超。候，指七候。七個表現不同的階段。益，更加。明，高明；高超。(68)

圓備　圓滿完備。⑥⑨促齡穢質　生命短暫，形體汙穢。促，短暫。齡，壽命。質，身體。⑦⓪色謝歸空　身體死亡，落得一無所有。色，有形的物體。這裡專指身體。謝，凋謝；死亡。⑦①通理　普遍認可的道理；常理。⑦②實所未然　實際上並非如此。然，此。代指他們所自稱的「慧覺」、「成道」。⑦③謬　錯誤。

【語　譯】要想修道成仙，必須首先除去邪惡的行為，斷絕一切與修道無關的事情，不要讓這些事情干擾自己平靜的心境，然後端坐在那裡，在心中觀察思考大徹大悟的崇高境界，一旦發覺有一絲俗念產生，馬上就要清除，隨時產生隨時抑制，一定要讓心處於安靜狀態。其次，即使心中產生的確實並非對名利的貪戀之情，但那些遊蕩不定的念頭和各種胡思亂想，也應該全部清除。不分日夜辛勤修行，片刻也不停歇。祇消除為名利所動的世俗之心，而不消除思考大道的修道之心；祇考慮如何保持心境的虛靜，而不去考慮有關世俗名利問題，做到不依賴任何事物就能使心永遠平靜。這一方法十分玄妙，能使人獲益匪淺，除了平夙就有修道的緣分、信仰堅定毫不懷疑的人之外，別的人則不可能相信、重視這一方法。

雖然知道要去背誦閱讀道教經文，但仍然需要注意辨別真偽。為什麼要這樣做呢？犬馬聲色搞亂了人的思想，邪佞之事迷惑了人的耳朵，人們對於犬馬聲色、邪佞之事都習以為常，各種毛病自然是非常嚴重，這就使人們的思想遠離大道，因此很難懂得大道。如果有心歸依至高無上的大道，願意樹立堅定的信仰，就應該首先接受三條戒律，依照這些戒律修行，如果能做到始終如一，就能獲得大道。這三條戒律是：第一，逐漸減少與世俗社會的聯繫；第二，不要有世俗欲望；第三，保持虛靜的心境。能夠嚴格遵守這三條戒律而不懈怠的人，即使無心去求道，那麼大道也將自然降臨。道經上說：「一個人如果能夠做到心境虛靜、清靜無為，即使他不想去獲取大道，大道也會自己歸依於他。」由此可見，這一簡要的修道方法，確實值得信賴！確實值得重視！然而世俗人的心浮躁不安，爭名奪利，這種現象由來已久，要想遵守戒律，平靜心境，這事做起來很難。有時想使心境平靜下來卻又無法做到，有時暫時平靜下來但又很快失去了這種平靜，平靜的心境時去時留，矛盾十分激烈，甚至令人遍體汗流，祇有通過長期的艱苦修煉，纔能使心安定下來。千萬不能因為一時靜不下心來，就放棄了一生的修道大事。等到稍稍安靜下來之後，那麼無論是在行立坐臥的時候，還是在喧鬧的場所做事，都必須有意地養護這種安靜的心境。無論是有事的時候還是無事的時候，內心都要保持虛靜；無論是在安靜的場所還是在喧鬧的場所，精神都要做到專一。如果把心約束得太緊，就會引發疾病，精氣洩漏而顛狂癡呆，就是這些疾病的症狀。心如果完全凝固一動不動，此時還須對它放鬆一些，做到寬嚴適度，這就須要經常進行自我調整。有所制約但不固執，寬鬆但不放縱，身處喧鬧之處而無厭惡之感，處理事務之時而無煩惱之情，這纔是真正做到了定心。但也不能因為處理事務時沒有煩惱之情就有意地去多做事，也不能因為身處喧鬧之處而不動心就有意地去接近喧鬧之處，應該把清靜無事視為真正的定心，把處理事務視為對事務的不得已回應，就像水和鏡子照物那樣，遇到事物就被動地顯現一下它們的形象。可以使用各種巧妙、權變的方法，以便自己能夠進入安定的狀態，從而產生智慧，至於修道成功的遲速快慢，就全在於自己了。不要在心境安定之時就急急忙忙地去追求智慧，急急忙忙追求智慧就會破壞安定的心境，安定的心境一旦遭到破壞就不可能產生智慧。心境安定時不必去追求智慧而智慧會自然產生，這纔是真正的智慧。有了智慧而不去使用，實際上聰明而表面上愚笨，這樣就更加有助於心境的安定和智慧的產生，從而具備無限的雙重美德。如果在定心之時還有許多事情惦記，就會產生許多不良影響，眾多的邪鬼精怪，就會隨著你的惦記而出現在你的眼前，如果在幻覺中看到了神仙真人、太上老君及其他各種神奇怪異的事物，這就是毛病出現的徵兆。在虛靜心境之上，豁然開朗，沒有任何覆蓋之物；在虛靜的心境之下，一片空闊，不需任何事物作它的基礎，過去造下的業將永遠消失，新業將不會形成，不會再有任何糾纏阻礙，永遠擺脫了塵世這張大網，如此修行久了，自然就能得道。

那些得道成仙的人，修習靜心時可分為五個階段，形體上的表現特徵也可分為七個階段。修心的五個階段是：第一個階段，心境波動的時間多，安靜的時間少。第二個階段，心境波動和安靜的時間各佔一半。第三個階段，心境安靜的時間多，波動的時間少。第四個階段，無事的時候心境安靜，有事的時候心境波動。第五個階段，心與大道融而為一，即使有事，心境也不會波動。修心達到了這種境界，纔能得到快樂，所有的罪過和錯誤全部消失，不再有任何煩惱。

修道成仙者形體上七個階段的不同表現是：第一階段，一切行為順應客觀時機，容貌慈祥和悅。第二階段，過去的疾病全部消失，身心輕鬆爽快。第三階段，身體得到補養，不再夭折和受傷，恢復了元氣和生機。第四階段，可以生存數千年，這樣的人可稱為「仙人」。

第五階段，把自己的形體修煉成氣的狀態，這樣的人可稱為「真人」。第六階段，把處於氣狀態的形體再進一步修煉為無形無象的精神狀態，這樣的人可稱為「神人」。第七階段，把處於精神狀態的形體與大道融而為一，這樣的人可稱為「至人」。這些人的智慧，將隨著這七個階段的不斷提昇而變得越來越高明，等到獲得至高無上的大道之後，他們的智慧也就圓滿完備了。

雖然有人長期修習定心，但自己如果沒有經歷這五個階段的心理感受，也沒有這七個階段的形體表現，那麼他依然屬於生命短暫、形體骯髒的俗人，身體死後將一無所有。雖然他們自稱已經有了智慧和覺悟，甚至還說自己已經得道成仙，但按常理推測，他們實際上並未做到這些，他們的行為可以說是大錯特錯了！

【研　析】本篇是對《坐忘論》的總結，其中也談到了一些其他篇章沒有談到的修習坐忘法時應注意的問題。

第一，關於「寬急得中」的問題。

司馬承禎認為，修習坐忘法時，關鍵就在於靜心，無論是有事還是無事，也無論是在安靜場所還是在喧鬧場所，修道者都應該有意識地保持自己的安靜心境。但也應該注意不要把「心」管束得太嚴厲，即不要在安心方面太強制自己，如果管束得太緊，就會「氣發狂癡」，生出疾病。在保持靜心時，要做好自我調節，寬嚴適度，循序漸進。這種寬嚴適度、不急於求成的態度是極為正確的，急於求成，往往會適得其反，欲速則不達，這樣下去會使修道者失去信心，甚至還會造成不必要的傷害。

第二，關於「若水鏡之為鑒」。

本篇再次談到做事的態度，並使用了「水鏡」這一比喻。司馬承禎認為，對待外部事物，正確的做法是要像能夠照物的靜水和鏡子那樣，關於鏡子與外物的關係，《莊子・應帝王》有一個論述：

至人之用心若鏡，不將不迎，應而不藏，故能勝物而不傷。

思想境界最高的人，其心就好像一面鏡子，他不主動地去迎接萬物，也不主動地去送走萬物，萬物來了，他就照應一下，萬物走了，他自己也不會留下任何痕跡。正是由於至人能夠保持這種「虛」的精神狀態，所以他們在精神上從來就不會受到任何傷害。司馬承禎把這一思想運用到靜心修仙方面，提出「以無事為真定，以有事為應迹，若水鏡之為鑒，則遇事而見形」的主張。虛靜應物的見解自然是十分可取的。

第三，修煉時要避免走火入魔。

修習坐忘法，就是要保持內心的虛靜。這種虛靜的狀態，「豁然無覆」，「曠然無基」，自在自存，無依無傍。司馬承禎認為，在修心的過程中，一旦出現幻視幻覺，就是走火入魔的徵兆。此時，既不能出現各種邪魔妖怪的幻覺，也不能出現太上老君一類的神仙意象。出現這些幻覺和意象，說明修習者的心境打掃得還不夠乾淨，其中充滿了各種欲望和念頭。司馬承禎的這一看法也很有道理，靜心的好處是有利於健康，這一點也為今天的醫學所證明，如果心中充滿了各種欲望和念頭，以至於出現幻覺，恰好說明修習者還沒有做到真正的靜心。

第四，注意辨別修道成功者的真假。

本篇提出「五時」「七候」，目的是要用「五時」「七候」作為衡量一個人是否得道的標準。在中國古代，有些人出於不同目的，還沒有摸著道門就自稱已經得道成仙，造謠惑眾，為道教的發展造成了惡劣影響。著名道士葛洪在《抱朴子・內篇・祛惑》中曾揭露一個名叫蔡誕的人，說他根本不懂道法，卻一心想修道成仙，整日不事生產，唯讀道經。如此積年，終與常人無異，於是家人對他搖頭晃腦、念念有詞的模樣慢慢有了微辭。此公乾脆棄家入山，找一塊清靜之處修道去了。沒有家人的供養，他祇得靠拾柴為生。三年後，他實在忍受不了山中艱難清苦的生活，祇得硬著頭皮打道回府。如此空手而歸，猶如落榜的學子，實在無顏見江東父老，於是他便編造了一個彌天大謊，說自己本來已經修道成仙，但因剛剛成仙，沒能在仙界混個一官半職，祇得應個下差，為太上老君放牧一群龍。又因貪玩，把老君最心愛的一條龍給弄丟了，於是被罰回人間。看來蔡誕謊稱自己成仙，完全是為了自己的面子。

在《紅樓夢》中，作者讚揚了一批修道有成的人，如空空道人、甄士隱、柳湘蓮等。同時也揭露批判了一些內心充滿各種欲望的假道士，如趨炎附勢、投機鑽營、現掌道錄司印的「終了真人」張道士，油嘴滑舌、專賣假膏藥射利的「王一貼」王道士，為了幾兩碎銀、不惜害人性命的馬道婆。前者是真正看破了紅塵、了斷了俗緣，從而獲得修道正果。而後者雖然還不敢大言自己已經得道成仙，但他們假稱道力、玩弄巫術，騙人錢財，害人害己。這些人編造謊言，則完全是為了獵取名利。

司馬承禎提醒人們辨別真假修道者是非常必要的。對於個人來說，可以使人們免受欺騙，從精神到肉體，都可以避免遭受損失和傷害。對於道教本身來說，也具有重要意義，因為這些假道士側身道門，魚目混珠，將會給道教帶來鉅大的榮譽損失，清除這些害群之馬，無疑有利於道教的健康發展。

◎新譯道門觀心經

王卡／注譯　黃志民／校閱

本書從《道藏》中選出十篇短小的、與道教心性修持有關的經文，加以題解、校釋、語譯，以便讀者了解隋唐道教哲學和修持理論。書中對於言簡意賅的原文，有時還大段引證同時代的其他道書，疏解經義，所有引證都儘量標明出處。語譯明白曉暢，切近原經旨義，能幫助讀者了解經文真意與道書之美。

◎新譯養性延命錄

曾召南／注譯　劉正浩／校閱

《養性延命錄》是著名的道教養生著作，輯錄了上自神農、黃帝，下至魏晉諸賢的養生言論，內容十分豐富。在主要思想方面，提出人與天、形與神、動與靜、多與少等命題和原則，具有積極意義。不過由於受其世界觀和所處時代的限制和影響，不可避免地會存在若干錯誤和缺點，故本書在注釋上，採取了《千金要方》、《至言總》等書的內容，對它進行了詳盡的注解與校勘，值得讀者參考。

◎新譯黃庭經・陰符經

劉連朋、顧寶田／注譯

《黃庭經》不僅奠定道教上清經派的教理基礎，也是唐宋以來內丹說的主要理論來源之一。《陰符經》繼承和發揮先秦道家和陰陽五行學說，理論概括性強，文約義深，宋元以後已成為內丹修煉的基本典籍。二書皆為道教內丹理論與修煉的重要經典，故本書將之合刊注譯解析，詮釋明白曉暢，期能對有心認識內丹理論或持道修煉的讀者有所助益。

◎新譯悟真篇

劉國樑、連遙／注譯

《悟真篇》為道教氣功內丹術專著，內容融儒、道、釋三家內修之說為一爐，並繼承《周易參同契》之學，詳論內丹由初生到丹成之修煉經過與方法，將丹法及丹訣總結為築基、煉精化氣、煉氣化神、煉神還虛四個階段，敘述全面而準確，是內丹學重要經典。本書注釋詳盡，並附以流暢的白話語譯，有助讀者閱讀與研究。

國家圖書館出版品預行編目資料

新譯坐忘論／張松輝注譯.－－初版十二刷.－－臺北市：三民，2024
面；　公分.－－(古籍今注新譯叢書)

ISBN 978-957-14-4192-4（平裝）
1. 道藏-注譯

231　　　94002015

古籍今注新譯叢書

新譯坐忘論

注譯者｜張松輝
創辦人｜劉振強
發行人｜劉仲傑
出版者｜三民書局股份有限公司(成立於1953年)

三民網路書店
https://www.sanmin.com.tw

地址｜臺北市復興北路386號(復北門市)(02)2500-6600
臺北市重慶南路一段61號(重南門市)(02)2361-7511

出版日期｜初版一刷2005年3月
初版十二刷2024年7月
書籍編號｜S032750
ISBN｜978-957-14-4192-4